U0915978

读·品·悟®
课本背后的故事系列（中学版）

课本背后的名人故事

丛书主编◎高　敬　郝　旭
本书主编◎王全民　宋　曦

河北出版传媒集团
花山文艺出版社

图书在版编目(CIP)数据

课本背后的名人故事 / 王全民，宋曦主编.- 石家庄：花山文艺出版社，2011.9

(“读·品·悟”课本背后的故事系列：中学版 / 高敬，郝旭主编)

ISBN 978-7-5511-0338-1

Ⅰ.课… Ⅱ.①王… ②宋… Ⅲ.中学语文课－课外读物 Ⅳ.G634.303

中国版本图书馆 CIP 数据核字(2011)第 191820 号

丛 书 名：“读·品·悟”课本背后的故事系列(中学版)

丛书主编：高 敬 郝 旭

书 名：课本背后的名人故事

本书主编：王全民 宋 曦

策 划：张采鑫

责任编辑：郝卫国

责任校对：齐 欣

特约编辑：李文生

全案设计：北京九洲鼎图书有限公司

出版发行：花山文艺出版社(邮政编码：050061)

(河北省石家庄市友谊北大街 330 号)

网 址：http://www.hspul.com

销售热线：0311-88643226 / 32 / 35 / 43

传 真：0311-88643234

印 刷：北京振兴源印务有限公司

经 销：新华书店

开 本：650×1080 1/12

字 数：150 千字

印 张：14.75

版 次：2011 年 11 月第 1 版

2011 年 11 月第 1 次印刷

书 号：ISBN 978-7-5511-0338-1

定 价：19.00 元

目录

contents

第一辑 思想家

思想是人类区别于其他生物所独有的伟大精灵。人类的文明史告诉我们，人类社会之所以能够不断进步，其最大的动力之源就是“思想”。无论是中国，还是西方国家，也无论是古代，还是今天，伟大的思想和伟大的思想家，从来都是指引人类一步步走向光明、和谐、幸福、自由的明灯。孔子以及先秦诸子的思想，至今仍然是全世界人民共同的精神财富；而苏格拉底、柏拉图和亚里士多德，一百多年来就一直在深刻影响着现代中国人的行为和思想。这就是他们独特的魅力所在。

第2辑 政治家

历史是人民创造的，这毋庸置疑。但我们不能忽略和忘记那些引领人民创造历史，推动社会不断向前发展的人，他们就是古今中外、历朝历代涌现出来的政治家。如果没有他们，社会的发展就找不到明确的方向，人类的进步就会遭遇更多曲折，人民就会遭受更多的磨难。一切伟大的政治家，在思想上，通晓历史的过去，把握时代的脉搏，明确发展的方向，又有自己奋斗的目标；在意志上，坚强不屈、不折不挠，具有不达目的誓不罢休的英雄气概；在实践上，不尚空谈、求真务实，一步一个脚印地走自己认准的路。他们不仅是我们敬仰的伟人，也是我们学习的楷模。

第3辑 科学家

当你坐在开着空调的屋子里看电视、玩电脑时，当你乘着飞机、火车或汽车探亲访友、周游世界时，当你的思绪随着神舟飞船一起遨游太空时，你是否感受到了科学的神奇力量和无穷魅力？可以说，没有科学就没有我们现在所看到和拥有的一切。当然，所有的科学发明都离不开科学家睿智的头脑和善于发现问题、提出问题、刻苦钻研、勇于创造实践的品质。

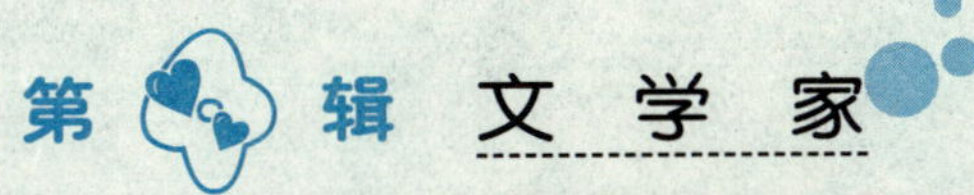

第3辑 文学家

从我们识字的那天起，就被有趣的童话故事、曲折的小说情节、抒情的诗词歌赋所打动。从那些华彩辞章里，我们体味到什么叫世态炎凉，认识到什么是美丑善恶，感受到生活的美好、世界的多彩和生命的意义。是它们让我们活得充实、健康和快乐。在被珠玑般文字感动的同时，我们更应该记住书写它们的一位位古今中外的文学大师，让我们走进他们，认识他们，解读他们传奇般的人生和心路历程。

第3辑 艺术家

艺术家的使命便是发现美、认识美、表现美和创造美。所以，有了王羲之，才让我们欣赏到了铁画银钩中的隽美；有了关汉卿，才让我们欣赏到了戏剧艺术的瑰丽；有了凡·高，才让我们感受到绘画的魅力……有了他们，世界才变得这样美好、如此多彩。抛开他们的作品和成就，让我们透过生动有趣的故事、轶闻，探究他们的人生轨迹，分享他们的辛酸苦辣，感受他们对艺术的执著追求和可贵的创新精神。

第4辑 企业家

“企业家”一词源于法文，最早是由法国经济学家萨伊提出的，是指那些能有效组织和利用经济资源，敢于承担经营风险，为企业和社会创造财富的人。工业革命以来的世界各国，包括民族工业兴起以后的中国，先后涌现出了许许多多杰出的企业家。他们为各自国家的社会经济发展作出了巨大的贡献。在他们的身上都具有一种特质，即所谓的企业家精神——进取精神、冒险精神、创新精神和社会责任感。也正是因为这种特质，他们才取得了事业的成功，铸就了辉煌的人生。

第  辑 探险家

探险家是指那些为了探寻新事物等目的而深入危险或不为人知的地方进行探索的人。通俗点讲，就是敢于第一个吃螃蟹的人。在我们生存的这个世界上，有许多神秘的未知领域，对这些未知领域的探险，是古往今来许多探险家的梦想和愿望，它昭示着人类对大自然以及自我的挑战，演绎着生命价值的精彩。今天，让我们循着他们的足迹，踏访他们的探险之旅，只要你听一听这些扣人心弦的探险故事，就能感受到神秘世界的无穷乐趣，并从中获得知识，开阔视野，激励你去探索未知世界，培养开拓创新的精神和坚忍不拔的意志品质。

我希望我将具有足够的坚定性和美德，借以保持所有称号中，我认为最值得羡慕的称号：一个诚实的人。
——［美国］华盛顿

第1辑 思想家

思想是人类区别于其他生物所独有的伟大精灵。人类的文明史告诉我们，人类社会之所以能够不断进步，其最大的动力之源就是『思想』。无论是中国，还是西方国家，也无论是古代，还是今天，伟大的思想和伟大的思想家，从来都是指引人类一步步走向光明、和谐、幸福、自由的明灯。孔子以及先秦诸子的思想，至今仍然是全世界人民共同的精神财富；而苏格拉底、柏拉图和亚里士多德，一百多年来就一直在深刻影响着现代中国人的行为和思想。这就是他们独特的魅力所在。

儒家鼻祖——孔子

* 名人档案 *

姓名：孔丘(前 551 ~ 前 479)

家乡：鲁国陬邑(今山东曲阜东南)

主要成就：春秋时期的思想家、政治家、教育家，儒家学派创始人。他首创“私学”，开了平民教育的先河，并提出了“有教无类”、“因材施教”等教育观念，被后世尊称为“至圣先师”。孔子的言行和思想，大部分被他的弟子及再传弟子记载于《论语》中。他还编撰了我国第一部编年体史书《春秋》。

* 名人故事 *

颜回“偷吃”真相

颜回，是孔子最得意的弟子。他以德行著称，被列为七十二贤之首。

那是在孔子带着弟子周游列国的期间，有一天，他们来到一个荒无人迹的地方，别人随身带的粮食都已经吃完了，只有颜回身上还剩一点儿。

于是，孔子让颜回把自己的粮食拿出来煮饭让大家充饥。

时间不长，颜回就煮好了饭。一时饭香四溢，不要说弟子们馋得快要流口水了，就连孔子也恨不得马上就大吞几口。

就在大家收拾餐具准备吃饭时，孔子的另一个学生子路偶然间看见，颜回从锅里抓起一团米饭，急急忙忙塞进了嘴里！

子路很生气，他想，按照老师的教导，颜回是不应该借着煮饭的时机，自己偷偷吃的。脾气暴躁的子路很生气，马上去告诉了孔子，并问老师："一个仁义清廉的人，遇到困难的时候，会改变自己的气节吗？"

孔子说："困难时候改变气节的人，算不上仁义清廉的人啊。"子路便把自己看到颜回偷吃的事儿告诉了孔子。

孔子很吃惊：按照颜回一贯的表现，不应该做出这种事情啊。但他没有说话，也没有把心里的疑惑和不快表现在脸上。

等颜回把饭端上来的时候，孔子很温和地说："大家先别着急吃饭。昨晚我做了一个梦，梦到了我的祖先。他说要保佑我们平安，所以今天的饭，我要先献祭给祖先，然后我们再吃。"

颜回听了，忙对孔子说："老师，对不起。刚才我煮饭的时候，不小心被一团柴灰落到饭里边了。我把沾了柴灰的那团饭捞出来的时候，想到扔掉可惜，就把它吃掉了。但是，今天的饭已经不干净了，献祭给祖先是不合适的。请您责怪我吧。"

孔子一听，明白了颜回"偷吃"的真相，很受感动。他对学生们说："君子要知道珍惜粮食。颜回能够吃被柴灰污染过的粮食，是难能可贵的。"他又对颜回说："颜回，你做得对，如果换成我，也会这么做的。"

师生之间一段小小的风波就这样过去了。从此，大家更加佩服颜回的品行，对孔子遇到问题不急于问责，而是想办法弄清事实真相的做法，大家也深受启发。

元宝哪里去了

在孔子的故乡曲阜，流传着许多关于孔子的传说，从中我们也可以看出一些孔子处世的风格。有一个传说是这样的：一次，子路请老师孔子和同学颜回到自己家里做客。子路家很富有，而颜回家却很穷，穿着十分寒酸。所以颜回开始本想推辞，后来孔子要他陪着一起去，他才勉强答应了。

师生两人来到子路家中。子路摆了一桌子山珍海味。师生三人边吃边聊。

这时，子路的管家进来交账，子路便让管家把账本和银子——一个价值百两的大元宝——放在了饭桌旁边的一张桌子上。

师生三人继续把酒阔谈，直到尽兴。

第二天一早，子路就来和孔子说：“先生，昨天管家送来的那个大元宝不见了！”

孔子一听，立时沉下脸来，说：“难道你怀疑为师拿了你的元宝？”

“哪里哪里，学生不敢……”子路连忙摆手辩解。

“那你是怀疑颜回了？”孔子问道。

“我想，颜回家里比较穷，何况这又临近了年关，说不定是他拿去的吧。”子路一副肯定的神情。

孔子听了，摇了摇头说：“颜回可不是那样的人！”

师生二人正说着，颜回从门外进来了。他们的谈话，颜回在门外早听了个清清楚楚。

颜回进门就告诉老师和子路说，那元宝是他偷的。因为眼看要过年，可家里缺钱，所以就起了这个念头，把它拿去还了债。

“读书人怎么能做这种事呢！你什么时候还人家？”孔子阴沉着脸对颜回说。

“明年这个时候我一定还上。”颜回红着脸想了一会儿说。

第二年，颜回一整年没有来上课。孔子一打听，才知道颜回和他的妻子一块儿去给人家洗衣做饭，当雇工去了。整整累了一年，他们挣够了一百两银子，把银子换成了一锭元宝。

又是一个年关临近时，颜回拿着元宝来到学堂，找着了老师和子路。

“一年的期限已经到了，我来还那一锭元宝。”说着就把元宝交到了子路的手上。

孔子看着颜回一本正经的样子，哈哈大笑。

颜回和子路都不明白怎么回事，怔怔地看着老师。只见孔子从怀里取出一个元宝来，对颜回说：“实在难为你了！老师知道其实你根本就没拿子路的元宝。我这个元宝才是子路的啊……”

看着两个学生莫名其妙的样子，孔子顿了顿接着说：“元宝是我有意拿的。我之所以这么做，是想试试颜回的气量啊！现在看起来，我没有白教你，你不愧是我的好学生啊！”

子路一看老师手中那块元宝上刻着自己的名字，正是管家送来的那块，才知道自己误会颜回了，心中一阵惭愧，连忙跑上去握着颜回的手，向他道歉：“颜回，实在对不起！以后，我得好好向你学习啊！”

孔子名言

学而不思则罔，思而不学则殆。

人而无信，不知其可也。

君子欲讷于言而敏于行。

敏而好学，不耻下问。

三人行，必有我师焉。

己所不欲，勿施于人。

小不忍则乱大谋。

知之为知之，不知为不知，是知也。

人无远虑，必有近忧。

理学创始人——朱熹

* 名人档案 *

姓名：朱熹（1130 ~ 1200），字元晦

家乡：徽州婺源（今属江西）

主要成就：南宋哲学家、教育家，理学的集大成者，被尊称为朱子，是孔子、孟子以来最杰出的弘扬儒学的大师。他继承了北宋程颢、程颐的理学，完成了客观唯心主义的学说体系。其主要著作有《四书章句集注》、《周易本义》、《诗集传》、《楚辞集注》，以及后人编纂的《晦庵先生朱文公文集》和《朱子语类》等。

* 名人故事 *

喜欢问问题的孩子

南宋时期，朱熹出生在一个官僚家庭，他的父亲朱松是当地的县尉。

关于朱熹的出生还有一个小故事。相传，朱松曾求人算命，卜者说："富也只如此，贵也只如此，生个小孩儿，便是孔夫子。"朱松听后，十分高兴，因为朱松本人十分喜爱学习，所以他也希望自己的儿子将来能成为一个有学问的人。

朱松曾有两个儿子，但都不幸夭折了，所以当朱熹出生后，朱松便将所有的希望都寄托在了他的身上。后来，朱松因为反对秦桧求和，被逐出朝廷。他带着全家人回到了家乡。那时，他一有时间就教朱熹读书认字。

令朱松感到欣慰的是，年幼的朱熹不仅非常喜欢学习，而且聪明过人。

朱熹4岁那年的一天，朱松指着苍天对他说：“这是天。”朱熹好奇地问：“天之上是何物？”朱松听了十分惊讶——连他自己也没有想过天的上面还有什么。朱熹的这个问题让知识渊博的父亲目瞪口呆，无言以对，只能尴尬地笑笑，借故走开。

像这类稀奇古怪的问题，充满了朱熹的小脑袋瓜。当他抬头望天的时候便会想：“天有多高呢？”低头看地的时候，又会想：“这地有多厚呢？”当他听人说天地是方的，就会想：“那么天地之外，究竟是什么东西呢？说是四方无边，可是怎么也得有到头的地方啊。天地如果像房间四周的墙壁一样，那么墙的后面也总有个什么东西吧。”

这些问题让他痴迷，有时候想得入了神，连叫他吃饭都听不到。遗憾的是，由于时代条件的限制，没有人能给小朱熹一个正确的答案。

朱熹5岁的时候，父亲送他去上学，并作了一首诗来勉励他。父亲在诗中叮嘱朱熹，要早起晚睡，勤奋读书，好好学习，将来做一个有学问的人。

朱熹果真按照父亲的要求，终日埋头苦读，并深深地痴迷其中。他在读《孝经》的时候，还在书上题字自勉：“若不如此，便不成人。”那时，像朱熹一样大的孩子，都喜欢跑出去玩，只有他不去，一放学，他就钻进了父亲的书房里。

朱熹长大后，果然没有辜负父亲的期望，成为南宋时期著名的思想家、教育家。

反对迷信的读书人

朱熹的祖籍是江西婺源，但是从他出生开始，就随着父亲工作的调动而迁居，一直没有机会回婺源。

21岁时，朱熹第一次回到婺源。当他进了婺源县城，经过五通庙时，看见庙里有很多人在祭拜五通神。据说这五通神特别灵，凡是乡里的人，只要出门，必会带上香纸来庙里祈求平安；所有的读书人到了婺源，也一定会到庙中祈求吉祥。

朱熹回到婺源的第一天，亲戚和邻居们便都来劝他，让他去庙里拜拜，但是朱熹不肯去，因为他根本就不相信这些神灵的事。他认为世界上根本就不存在什么神灵，祭拜神灵的行为是愚昧的。当地的百姓因为没有上过学，去庙里拜谒还说得过去，但是他是一个饱读诗书的学者，怎能相信这些迷信的说法呢，因此无论大家怎么劝说，他都坚决不去。

一天晚上，朱熹的一个亲戚设宴邀请他去家里吃饭。喝酒的时候，有脏东西落入了朱熹的酒杯中，喝完酒后，朱熹的肚子就开始疼。第二天，朱熹又在住宅台阶旁遇见一条毒蛇，险些被毒蛇咬到。乡里的人听说了这些事，都觉得很蹊跷，一致认为这都是朱熹不拜五通神的缘故，说这是神灵对他的警告。于是，一些好心的亲戚朋友再次来劝说朱熹，让他去五通庙拜谒。

朱熹听了大家的说法，觉得很可笑，于是对他们说："我肚子疼，是因为我吃了不干净的食物；我遇到毒蛇，是因为这山林里本来就有很多毒蛇，只不过是个巧合罢了。这些与五通神根本没有什么关系。"此时，有位当地颇有些名望的老学究也在一旁劝说朱熹，还说得振振有词，头头是道。

朱熹看着那个学究，很不高兴地说："想不到一个有学问的人也说这种话，我自认为我很幸运——这里离祖坟不远。如果真的由此而遭到了报应，那就麻烦大家将我葬在祖坟旁边，不是很方便么？"那位老学究听了，一时哑口无言。众人听罢，也都不再劝说了。

朱熹就是这样一个坚持真理的人，正是凭借这种坚持真理的精神，才成就了他在学术上的不朽功绩。

*** 朱熹名言 ***

读书有三到，谓心到、眼到、口到。

问渠哪得清如许，为有源头活水来。

日省其身，有则改之，无则加勉。

心学大师——王守仁

名人档案

姓名：王守仁(1472～1529)，字伯安，世称阳明先生

家乡：浙江余姚

主要成就：明代著名的思想家、哲学家、文学家和军事家。他提出“知行合一”观，倡导道德意识与道德行为的统一，强调“言行一致”、“笃实躬行”的重要性，确立了中国古代心学理论体系，是宋明时期主观唯心主义的集大成者，也是中国历史上罕见的全能大儒。其著作由门人辑成《王文成公全书》38卷，其中在哲学上最重要的是《传习录》和《大学问》。

名人故事

告别“棋瘾”立大志

王守仁出生于一个书香门第。他的远祖是东晋时期著名的大书法家王羲之。他的父亲叫王华，官至南京吏部尚书。

传说，王守仁出生前夕，他的祖母梦见有人从云中送来一个孩子，梦醒时王守仁刚好出生，于是他的祖父便给他起名叫王云。但是让家人着急的是，他到了5岁还不会说话。一天，一位高僧经过，抚摸着他的头说：“好个孩儿，可惜道破”，意思是他的名字“云”道破了天机。他的祖父听后，便给他改名为王守仁。说也奇怪，改名后没多久，王守仁便能开口说话了。

王守仁的父亲对儿子的管教十分严厉。王守仁小的时候，虽然学文习武非常刻苦，但他更喜欢下棋，常常为此而耽误功课。他多次遭到父亲的责备，但总是改不了。于是父亲一气之下，就把他的象棋扔到了河里。这一举动，让王守仁心里大为震动，当即写下一首诗，以表明自己的志向：

象棋终日乐悠悠，苦被严亲一旦丢。
兵卒坠河皆不救，将军溺水一齐休。
马行千里随波去，象入三川逐浪游。
炮响一声天地震，忽然惊起卧龙愁。

在诗中，他以诸葛亮自喻，决心将来一定要做出一番大事业。

从此以后，他更加刻苦地学习。付出便会有回报，不久，他的学业就有了很大的进步。不仅骑、射、兵法日益精通，而且在文学方面也有了长足的进步。

10岁那年，王守仁的父亲高中状元，他便跟随父亲去京城赴任。路过金山寺的时候，父亲与朋友聚会，在酒宴上有人提议作诗赞美金山寺。大家都还在苦思冥想的时候，只见王守仁站起身来，朗声吟咏道：

金山一点大如拳，
打破淮扬水底天。
醉倚妙高台上月，
玉萧吹彻洞龙眠。

所有在座的人听了无不惊叹——这么小的孩子竟会有如此过人的才智。于是又有人想考考他，提议让他再作一首赋蔽月山房的诗。王守仁稍作思考，脱口而出：

山近月远觉月小，
便道此山大于月。

若人有眼大如天，
还见山小月更阔。

众人听罢，越发称奇。他的父亲也欣慰地笑了。

后来，王守仁考取了进士，并做了兵部主事。当时，朝廷上下都知道他学识渊博，但提督军务的太监张忠却认为王守仁是以文士而被授予的兵部主事，因此有些蔑视他。有一次张忠竟然命令王守仁当众射箭，想以此来羞辱他。不料，王守仁不慌不忙地提起弯弓搭箭，刷刷刷，三发三中，当时所有在场的人全都欢呼起来，只有张忠尴尬地低着头走开了。

王守仁少年立志，经过多年的刻苦学习，最后终于成为明朝一位文武双全的名臣，同时，他的心学理论一直被后世传承，并传播到海外，成为中国哲学史上的又一里程碑。

*** 王守仁名言 ***

志不立，天下无可成之事。

种树者必培其根，种德者必养其心。

称人之善而咎己之失，从人之长而明己之短。

中国思想启蒙之父——黄宗羲

名人档案

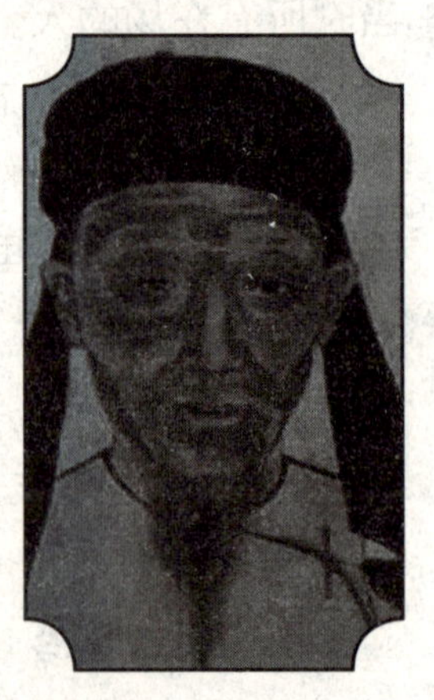

姓名：黄宗羲(1610～1695)，字太冲，号南雷，学者称梨洲先生

家乡：浙江余姚

主要成就：明末清初著名的史学家、思想家。他在政治思想方面提出了“为天下，非为君也；为万民，非为一姓也”等观点，是明代中国民本与民主思想萌芽的代表人物之一；在哲学方面反对宋学中“理在气先”的理论，具有唯物论的特色；在文学方面主张文学应反映现实社会，表达作者的真情实感，具有现实主义的特点。他思想深邃，有“中国思想启蒙之父”之誉；著作有《宋元学案》、《明儒学案》、《明夷待访录》等。

名人故事

为父亲申冤的少年

明末天启年间，太监魏忠贤专权，独揽朝政。魏忠贤掌握朝政大权后，勾结了朝中的一些势力，形成阉党，开始排斥异己，许多正直的官员先后被捕被杀，黄宗羲的父亲也在震惊中外的“七君子”惨案中被冤杀。黄宗羲见父亲被害，既难过又气愤，从此他开始为国忧家仇而发奋读书。

后来，崇祯皇帝即位。黄宗羲听到这个消息后，心中大喜，于是立刻草拟了一份向朝廷诉冤的奏疏，告别了家乡，只身一人奔赴京城，为父雪耻申冤。

此时，朝廷已经为平民愤将魏阉一党抓获伏法。黄宗羲便上奏朝廷，请求朝廷追究魏党余孽。朝廷批准了他的奏请，于是下旨刑部，追查阉党许显纯、李实一伙。

许显纯、李实二人平时做尽了坏事，深受老百姓痛恨。审讯他们这天，刑部大堂正门大开，旁听的百姓成千上万，黄宗羲也在其中。大家都在期盼着正义的审判。可是，因为许显纯是孝宗皇后的外甥，刑部官员文案软弱无力。许显纯在铁证面前仍是百般狡赖，不肯承认犯下的罪过。黄宗羲在一旁看着，实在忍无可忍，便大喊一声："逆党！你害死我爹，铁证如山，你还敢狡辩！"堂下的百姓个个义愤填膺，纷纷指责许显纯。许显纯没办法只好勉强招供。可是，写了招供状后，他仍有恃无恐，对刑部官员说："我虽属逆党，诬害同僚，罪有应得，但我乃是孝宗皇后外甥，系皇亲国戚，大明朝曾明律，我应当被免罪。"刑部官员听后，"这个这个"支吾了半天，似乎真的拿他没有什么办法了。

黄宗羲见状十分气愤，再次向刑部申述："许显纯与魏忠贤勾结，杀害无数忠良义士，简直是丧尽天良。天网恢恢，许显纯应与魏党同处论斩。历朝早有明训：法不阿贵，何况外戚。大人您应该为国除奸，为民除害。倘若放虎遗患，后果将不堪设想，并且老百姓也不会答应啊！"

旁听的百姓听罢也纷纷声讨，要求处死许显纯、李实二人。刑部觉得黄宗羲说的句句在理，又见百姓们怒目如火，便也壮了胆量，判处许显纯、李实同处斩刑。

那天深夜，黄宗羲正在灯下专心致志地看书，忽然听见一阵敲门声。他开门一看，只见一人如鬼影般溜了进来，对黄宗羲说："我是你父亲过去的同僚，也是李实的朋友。李实的家里人托我带三千两黄金给你，以补偿诬害你父亲的罪过，希望你不要再追究李实之罪了。"说罢，把黄金摆在了黄宗羲面前。

黄宗羲推开黄金，义正词严地说："这三千两黄金能买到屈死的冤魂吗？能买到国泰民安吗？李实坏事做尽，他是罪有应得，休想侥幸！"随后毫不客气地下了逐客令，将来人与其带来的黄金推出了门外，并连夜奋笔疾书，写了一封奏折，揭发李实欲贿赂之罪。朝廷派人查实真相后，刑部又对李实进行了复审，追加了他的贿赂罪。

不久，许显纯与李实二人服刑斩首。

锄奸之后，崇祯皇帝传召黄宗羲到金銮殿，对他说：“卿少年有为，为父报仇，为国除奸，有功社稷，精神可嘉。朕封你……”

崇祯皇帝话还没有说完，黄宗羲便婉言拒绝了皇帝的封赏，毅然扶着父亲的灵柩回到了家乡余姚。

＊黄宗羲名言＊

损人即自损也，爱人即自爱也。

自以为至足，乃是自暴自弃。

近代启蒙思想家——严复

＊名人档案＊

姓名：严复（1854 ~ 1921），初名传初，曾改名宗光，字又陵

家乡：福建侯官

主要成就：清末很有影响的资产阶级启蒙思想家、翻译家和教育家，是中国近代史上向西方国家寻找真理的“先进的中国人”之一。他编译的《天演论》、《原富》、《群学肄言》、《法意》、《穆勒名学》等著作第一次把西方的古典经济学、政治学理论以及自然科学和哲学理论较为系统地引入中国，启蒙与教育了一代国人。

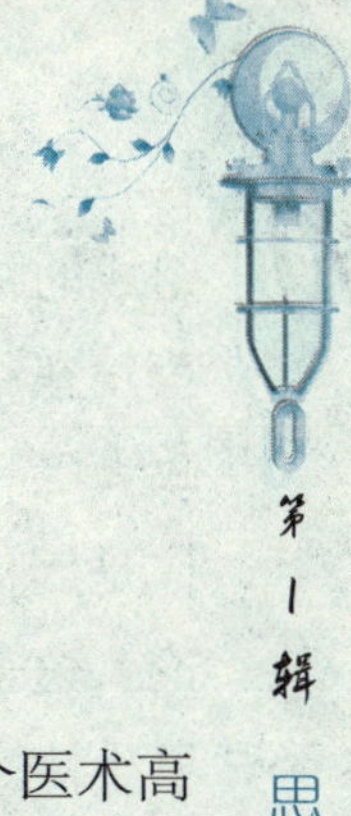

＊名人故事＊

贫困家庭出了留学生

1854年，严复出生在一个清贫的医生家庭。他的父亲是一个医术高明的医生，在当地有“严半仙”之称。当时乡里的人只要遇到疑难杂症，定会上门求医，家里来看病的人常常从屋里排到屋外。但因为父亲为人疏才宽厚，从来不计较医药费。对于那些付不起药费的穷人，他甚至还帮忙垫付。所以，尽管找他看病的人很多，他家的家境还是不宽裕。

严复的父亲不仅医术高明，医德高尚，而且也有着很高的国学造诣，因此在他的影响下，严复很小就非常懂事，并且热爱学习。他7岁的时候便开始读私塾，为求良师，先后辗转多处，后来父亲又延请了当地颇负盛名的宿儒黄宗彝开设家塾，专为他一人授课。黄宗彝渊博的学识、开阔的视野、士人的品格对年幼的严复产生了深刻的影响。按照黄宗彝的说法，以严复的聪颖勤奋，考秀才、中举人、升进士、博个一官半职，应该不成问题。但严复对仕途没有多大的兴趣，他的梦想是将来可以去大学里读书。

严复12岁那年，父亲在福州南台苍霞洲行医抢救霍乱病人时，不幸染上瘟疫，突然撒手人寰。父亲死后，严复的母亲只能靠给人做女工来维持一家人的生计，家里的日子就更难过了。而且他还有两个妹妹，母亲每天省吃俭用，也才只够让他们母子四人吃饱饭，更不用说提供他上学了。这对于爱学习，梦想上大学的严复来说，比饿肚子穿破衣更让他难过。

不过，天无绝人之路。恰巧当时福州新创办了一个海军学堂，正在招生。由于这所学堂食宿全免，每月还有四两白银的补贴，每三个月考一次试，成绩列为一等者，还可领赏十两白银。因此闽广一带许多家境比较困难的孩子都去投考。严复听说了这个消息后，非常高兴。他想如果他来到海军学堂读书，不仅可以减轻母亲的负担，而且还可以帮助家里稍稍改变一下拮据的境况，当然更重要的是，他又可以上学读书了，并且这会离他的梦想越来越近。于是在征得母亲的同意后，欣然报考了海军学堂。

福州船政学堂，原为闽浙总督左宗棠着手创办的由铁厂、船厂、学堂

组成的福州船政局的一部分，也是中国海军的萌芽。左宗棠不久外调，举荐正在福州老家因母丧守制的前江西巡抚、林则徐的女婿沈葆桢接任船政大臣。严复参加的那次考试正是由新任船政大臣沈葆桢出的题目。也许是因为沈葆桢也刚刚丧亲不久，所以他出的题目是《大孝终身慕父母论》，这使刚丧父不久，刚经历了亲人生离死别的严复，不免有感于怀，触景生情。于是，在考场上，他挥笔成章，一气呵成，声情并茂地写下了一篇几百字的文章。文中他表达了对亡父的哀思，以及对母亲含辛茹苦养育他们兄妹三人的感激之情。沈葆桢看了这篇文章后拍案叫绝。

揭榜的日子到了，报考的学生们都纷纷前去船政局看榜，严复也去了。只见榜首赫然写着三个大字：严宗光（严复的原名）。

福州船政学堂设有前学堂与后学堂。前学堂开设轮船修理制造，培养造船人才；后学堂学习轮船驾驶技术，造就航海人才。严复上的是后学堂，学习英文、算术、几何、代数、水重学、电磁学、光学、音学、热学、地质学、天文学、航海术等课程。5 年船政学堂的学习生活，展现在严复眼前的是崭新的学问与广阔的天地。12 岁至 17 岁，正是人生初步定型的重要时期，严复资质聪颖，加之父亲之死所受世态炎凉的刺激，因此学习特别用功，每次考试都名列前茅。

1871 年，他在理论课结业大考中，考了最优等。6 年后，严复作为清政府派遣的第一批欧洲留学生，从福州马尾港出发，前往英国学习。同年 9 月，他通过考试，进入英国皇家海军学院深造。这下，终于圆了他的大学梦！

在留英的两年多时间里，他经常穿着格林尼茨海军学院的学生服在图书馆埋头苦读，广泛涉猎社会科学，研读了大量对西方社会、文化、制度产生过重要影响的人文著作，倾心于亚当·斯密、孟德斯鸠、卢梭、穆勒、达尔文、赫胥黎、斯宾塞等人的理论学说，从中学到了很多先进的西方科学文化知识以及政治观点，为他以后的思想成就奠定了一个深厚的基础。

＊严复名言＊

物竞天择，适者生存。

世道必进，后胜于今。

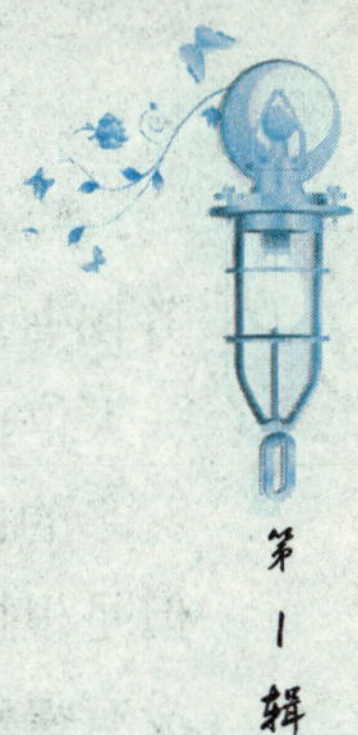

英国唯物主义始祖——培根

名人档案

姓名：培根（1561～1626）

家乡：英国伦敦

主要成就：英国著名的哲学家、思想家、作家和科学家。被马克思称为“英国唯物主义和整个现代实验科学的真正始祖”。他推崇科学、发展科学的进步思想和崇尚知识的进步口号，至今影响我们一代又一代人的生活。其主要著作有《论科学的价值和发展》、《新工具》、《新大西岛》等。

名人故事

知识就是力量

培根是西方文艺复兴时期的大家巨匠，他是英国著名的散文家、哲学家、思想家。他不光在文学、哲学和思想上取得了骄人的成绩，而且在科学领域里也作出了重要贡献。“知识就是力量”是他一生的信条。

少年培根十分喜欢学习，并且聪明过人，因此他12岁时便进入了剑桥大学三一学院。在学校期间，他学习刻苦，喜欢思考，后来他对传统的观念和信仰产生了怀疑，于是，便开始独自思考社会和人生的真谛。

离开学校后，培根开始学习法律，他希望将来自己可以成为一名律师或者法官。后来，经由父亲的好友推荐，少年培根被派到巴黎担任外交事务秘书，供职于英国驻法使馆。他在那里待了三年。这三年期间，他没有一天停止过学习。1579 年，由于父亲病重，培根辞职回国，不久父亲病故。父亲的去世给培根的生活带来了巨大的变化。他虽然曾经是贵族子弟，但是根据长子继承法规定，父亲的遗产都将留给培根的哥哥，他这个幼子没有得到任何财产。从此，培根由一个贵族公子，突然间沦为一个潦倒的穷人。

此后的十几年中，他不得不靠借债来谋生。由于负债累累，他的一生都没有从这种窘迫的生活中摆脱出来。虽然生活给他带来了许多磨难，但在父亲去世后的十几年中，培根还是坚持自修完了法学教育，并最终获得了律师资格证，成了一名国会议员。

作为一名政治家，培根饱尝了仕途的艰辛与无奈。伊丽莎白女王在位时，他一直没有得到重用。直到詹姆斯一世当政后，他的仕途生涯才逐渐有所好转，先后担任过法院院长、检察长、掌玺大臣等职务，还被封男爵、子爵等贵族尊号。然而，不久后，他又被免除了一切职务，成了一个一无所有的平民。这时的培根终于厌倦了仕途，从此，将全部的精力都投入到了学术研究中。他坚持“知识就是力量”，孜孜不倦，努力求索，最终成了英国文艺复兴时期著名的唯物主义哲学的创始人。

1620 年，培根在总结他哲学思想的时候，出版了《新工具》一书，在书中，他响亮地提出了他一生坚信的人生信条“知识就是力量”。这句话至今仍影响着我们一代又一代人。

爱动脑筋的孩子

培根从小就是个爱动脑思考的人，喜欢观察日常生活中的一些小现象，并从这些小现象中找到一些共性，然后进行分析研究。

他小的时候，偶然发现英国有许多人视力不是很好，看书的时候十分吃力。于是他就想发明一种工具来帮助人们提高视力。为此，他整日地思考，他想到了很多办法，但是经过试验后却都一一失败了。但他并没有因此而灰心，仍然每天都琢磨这件事。直到有一天，他发现了一个蜘蛛网，问题才迎刃而解。

那天，刚下过雨，雨后的空气十分清新。培根来到了花园散步，他走着走着，看见一棵树上有一个蜘蛛网，上面沾了不少雨珠。一向细心的培根，走上前去，仔细观察起那些雨珠来。在观察中他突然发现，透过雨珠看树叶，叶脉被放大了许多，甚至连树叶上细细的茸毛都能看得清清楚楚。看到这个现象后，他马上想到了多日来困扰自己的那个问题，一下子有了灵感。

培根赶紧跑回家中，翻箱倒柜，找到了一颗玻璃球。他拿着那个玻璃球，放在眼前，透过玻璃球看书上的字。他本以为这样就可以将书上很小的字看得清楚了，可是，结果不是他想象的那样，书上的字没有被放大，仍然看得不大清楚。

他一边端详着那颗玻璃球一边思索：为什么透过雨珠就能看得清楚，而玻璃球却不行呢？忽然，他想到了一个问题——雨珠应该是半个球呀！于是，他找来了工具，将玻璃球一分为二，然后拿着其中的一半靠近书一看，果然文字被放大了，看得也清楚了。

实验终于成功了，他欣喜若狂地拿着这个玻璃看起书来。可是，没过多久，他一直拿着玻璃球的胳膊又酸又麻，非常累。他想这样一直用手高高地举着玻璃看书可不行，必须要想个省力、方便的办法才行。于是，他找来一块木片，在木片的中央挖了一个和玻璃一样大小的洞，然后将玻璃嵌入木片的洞里。然后，他又找来一根柄，安在木片上，便于用手拿着。这样人们在阅读和写字的时候就方便多了。

这种镜片就是现在的放大镜的雏形，后来经过不断地改良，变成了现在人们戴的眼镜，为人们的学习、工作和生活带来了许多方便。

*** 培根名言 ***

知识就是力量。

礼节要举动自然才显得高贵。假如表面上过于做作，那就丢失了应有的价值。

读史使人明智，读诗使人灵秀，数学使人周密，科学使人深刻，伦理学使人庄重，逻辑修辞使人善辩。

合理地安排时间，就等于节约时间。

欧洲的良心——伏尔泰

* 名人档案 *

姓名：伏尔泰(1694～1778)

家乡：法国巴黎

主要成就：法国著名的启蒙思想家、文学家、哲学家。被誉为"法兰西思想之王"、"法兰西最优秀的诗人"和"欧洲的良心"。一生致力于揭露和批判黑暗的封建制度和宗教统治，为法国资产阶级大革命作了舆论准备。其代表作有哲学论著《形而上学论》、《哲学通信》、《哲学辞典》等，文学作品《亨利亚德》、《奥尔良少女》等。

* 名人故事 *

险些夭折的神童

1694年11月21日，在富丽典雅、多姿浪漫的法国首都巴黎，一个富裕的中产阶级家庭出生了一个孩子，这个孩子就是日后法国著名的启蒙思想家伏尔泰。

伏尔泰的父亲是一名法律公证人，在伏尔泰出生的那个夜晚，他十分焦急地守在产房门外——这个孩子是他的第五个孩子，之前的四个孩子中有两个不幸夭折了——他十分担心这个孩子的健康。过了一会儿，产房里终于传来了婴儿清脆的啼哭声，他那颗悬着的心总算是放下了。

然而，他高兴得有些早了。小伏尔泰出生不久后护士就冲他大喊：

“不好了，先生，您快过来呀？”

“怎么了？怎么了？我的孩子怎么了？”他一边跑向产房一边焦急地问道。

“他刚出生的时候大声哭了几声，可是现在没有声音了，真是太可怕了，恐怕……”护士欲言又止。

父亲在一旁喃喃自语：“不会的，不会的！他一定会没事的！”他嘴上这么说，心里却在打鼓：“可别像前两个孩子那样呀！”

护士看着焦急的父亲说：“没有其他什么好办法，只能试试了！”

说完，护士便在这个奄奄一息的孩子后背重重地拍了一下。奇迹发生了——小伏尔泰竟从死神的手里逃脱了出来，还委屈地哭了起来。

小伏尔泰虽然逃脱了死亡的魔爪，可是身体却十分虚弱。父亲看着这个虚弱的孩子，对他的将来已经不抱多大希望了，只要他能够健康地长大成人就心满意足了。

转眼间，3 年过去了。3 岁的伏尔泰眨着一双蓝色的大眼睛，聪明又可爱。不仅会做一些笨拙的动作来引人发笑，而且更令人叫绝的是，3 岁的他竟然能够自己看书，并且还有过目不忘的本领。

有一天，父亲回到家，看见小伏尔泰一个人站在床上手舞足蹈，嘴里还念念有词地说着什么。父亲走过去，听了一会儿，惊讶地发现，儿子正在背诵《拉·封丹寓言》。父亲拿起书对照着书本听儿子背诵，他发现儿子不仅准确地将这篇文章背诵了下来，而且表演得也十分精彩。

“这怎么可能呢？他才 3 岁而已呀！”父亲几乎不敢相信自己的眼睛和耳朵。于是他等小伏尔泰表演完，便问他：“孩子，你什么时候会背诵寓言的？能不能再给爸爸背诵一个？”

小伏尔泰认真地回答：“这个是我刚刚背会的，让我再看一个故事，马上背给您听！”说着，拿起那本书专心地看了起来。看完以后，他将书本合上，然后有声有色地背诵了起来，居然和原文一字不差。

父亲听后，目瞪口呆，他坚信小伏尔泰将来长大后一定会是个有作为的人。从此，父亲便将培养伏尔泰作为一件重要的事情来做。小伏尔泰也十分好学。果然，伏尔泰长大后，不负父望，成了法国一个著名的学者。

伏尔泰为卡拉鸣冤

伏尔泰是一位急公好义的真君子。他晚年定居在法国和瑞士边境的费尔奈庄园。那时候,法国发生了宗教上的派性斗争,很多人被迫四处逃亡。伏尔泰在自己的庄园内,先后收留过上百户难民。他还多次为那些难民打抱不平,替穷人伸张正义,平反冤案。其中影响最大的一次,莫过于他为卡拉鸣冤。

这件冤案源于一个普通的自杀案件,可是后来却演变成了一桩复杂的谋杀案,并掀起了一阵不小的风波,事件的整个过程是这样的:

卡拉是位颇受人尊敬的布商,1761 年 10 月 13 日,卡拉家里发生了一场可怕的悲剧。当天晚上,卡拉回到店里,突然发现他的长子马克·安东尼悬梁自尽了。一时全家人慌了手脚,母亲痛哭失声,惊动了邻居。邻居们纷纷赶来,大家一边觉得惋惜,一边猜测他的死因。突然在围观的人群中有人说道:“这不是自杀,而是谋杀。凶手就是马克·安东尼的父母,因为马克·安东尼选择了天主教,而其父卡拉却是个胡格诺派的新教徒。他违反了卡拉的意志,所以卡拉便把他杀害了。”

由此,马克·安东尼的死就由一起简单的自杀案而演变成了复杂的宗教谋杀案了。马克·安东尼被宣布为神圣的殉道者,他的尸体被抬进了教堂。而他的父亲卡拉则成了杀人犯。图卢兹的一位法官闻讯赶来,既没有经过调查,也没有审讯,甚至连现场也没看上一眼,便以“谋杀罪”将卡拉一家人抓走了。

马克·安东尼到底是为什么而自杀的呢?原来,这位 28 岁的青年曾经学过法律,一心想当律师,但是由于无法拿到天主教的证明书,只好跟着父亲一起经商。他本想从父亲那儿拿一笔钱做生意,结果遭到了父亲的拒绝,由此他便开始整日借酒消愁。后来他又欠下了一大笔债务,更觉得生活没有了希望,前途也越来越渺茫,于是一念之差便悬梁自尽了。

1762 年 3 月 10 日,法庭粗暴地判决卡拉车裂之刑,成了轰动一时的一大惨案。

惨案发生以后不久,伏尔泰的一位朋友从朗葛多克来看望他,顺便将此事告诉伏尔泰，这引起了伏尔泰的极度震惊。他一向对教会持怀疑态度，卡拉的悲惨遭遇，更激发了他对教会和司法部门的强烈愤慨。

恰好卡拉的家属逃亡到日内瓦，与伏尔泰住地法尔奈很近，伏尔泰在了解了事情真相以后，立刻着手为卡拉的平反努力。

他先后用了整整 4 年的时间，发动了他周围的朋友、法国上流社会的贵族们，甚至还动用了普鲁士王弗里德里希二世和俄国新即位的叶卡捷琳娜二世为卡拉案件呼吁，使得当时的欧洲各国舆论都相信对卡拉一案的审判怀有宗教偏见，定罪不公。

当时的法国政府迫于舆论压力，只好任命 50 位法官组成陪审团，对卡拉一案进行了重新审理。终于，伏尔泰的申诉最后获得了成功，这起冤案被平反昭雪。

* 伏尔泰名言 *

书读得多而不思考，你会觉得自己知道的很多；书读得多而思考，你会觉得自己不懂的越多。

图书馆是人类知识与谬误的宝库。

我可以坚决反对你的观点，但我誓死捍卫你说话的权利。

无论天资有多么高，他仍需学会用技巧来发挥那些天资。

法国思想先驱——卢梭

＊名人档案＊

姓名：卢梭(1712～1778)

家乡：瑞士日内瓦(法国国籍)

主要成就：法国著名启蒙思想家、哲学家、教育家、文学家，是18世纪法国大革命的思想先驱，启蒙运动最卓越的代表人物之一。在哲学上，他主张感觉是认识的来源，坚持“自然神论”的观点；强调人性本善，信仰高于理性。在社会观上，他坚持社会契约论，主张自由平等，反对专制、暴政。其主要著作有《论人类不平等的起源和基础》、《社会契约论》、《爱弥儿》、《新爱洛绮丝》、《忏悔录》等。

＊名人故事＊

小小书迷

卢梭出生在瑞士日内瓦一个钟表匠的家庭里。卢梭的祖父原本是法国新教教徒，后来为了躲避宗教迫害，才举家搬迁到瑞士来。卢梭的父亲是一个技术精湛的钟表匠，母亲聪明贤惠，端庄大方。不幸的是，母亲因为生他时难产死去，他是由父亲和姑妈抚养长大的。

父亲非常喜欢读书，并且这种嗜好也遗传给了他。母亲在去世前也非常喜欢读书，因此她死后留下了许多小说。这些小说成了卢梭和父亲的至宝。他们父子俩常常在晚饭后，一道阅读。每一本他们都读得入迷。

有时候，他们俩会读一整夜，直到听到清晨的山雀叫了，父亲才很难为情地说："我们去睡吧。"这时卢梭才不情愿地放下手里的书。

卢梭的童年就是这样度过的。书里的那些知识渐渐充实并且滋养着卢梭幼小的心灵，使他对知识的渴望更加强烈。于是他稍微长大一点后，便在父亲的鼓励下读了许多古希腊、古罗马的名人传记。卢梭7岁那年就将家里的书全部看完了。他读完家里的书后，就开始外出到处借书来读。他的阅读范围很广，文史哲无不涉猎，像勒苏厄尔的《教会与帝国历史》、包许埃的《世界通史讲话》、普鲁塔的《名人传》、那尼的《威尼斯历史》、莫里的剧本等，他都读过。

在读书的过程中，书里那些历史人物的典范影响再加上父亲的谆谆教诲，使幼小的卢梭深深地体会到了自由思想和民主精神的可贵。

卢梭13岁那年，舅舅决定将他送到马斯隆先生那里，想让他学当律师书记。但是卢梭一点也不喜欢这种只是为了赚钱而缺乏趣味的职业。他受不了每天为了那些琐碎的杂务而忙得焦头烂额。马斯隆先生似乎也不太喜欢卢梭，常常骂他愚蠢懒惰。卢梭实在是忍受不了这种侮辱，一气之下便辞掉了工作。

从马斯隆那里离开后不久，卢梭又找到了一份新职业——在一位雕刻匠的手下当学徒。鉴于以前做书记时得到的教训，所以虽然每天还是要做一些他不喜欢的事，但是他已经不像从前那样抱怨了，甚至有些喜欢上了这份工作。因为他喜欢绘画，并且觉得挥动刻刀是一件很有趣味的事。可是后来发生了一件事，又改变了他的想法。

有一天，卢梭在空余的时间，为他的朋友雕刻骑士勋章，他以古罗马时期的钱币当做模型雕刻在了勋章上，结果被他的师傅发现了。师傅以为他在制造假银币，便不分青红皂白将他痛打了一顿。由于师傅的暴虐专横，使得卢梭对这份本来喜爱的工作越来越感到苦不堪言。但这种状况却促使他又恢复了时隔已久的读书习惯。当然，不能够想读就读。可是，越是受到限制，他读书的兴致就越浓。当时，附近有一家租书店，卢梭便经常去那家书店看书，他常常读到手不释卷，有时甚至还为此耽误了工作时间，受到师傅的责骂和体罚。但是他仍旧经常到书店里读书，结果不到一年时间，便将书店里的所有书都读了个遍。在这些书的熏陶下，他改掉了许多幼稚的脾气和一些不良习惯，同时也在内心深处唤起了更加高尚的追求。

永久的忏悔

卢梭小时候，家里很穷，为求生计，只好到一个伯爵家去当小佣人。伯爵家的一个侍女有条漂亮的小丝带，很讨人喜爱。一天，卢梭趁没人的时候，从侍女床头拿走小丝带，跑到院里玩赏起来。

正在这时候，有个仆人从他身后走过，发现了卢梭手中的小丝带，立刻报告了伯爵。伯爵大为恼火，就把卢梭叫到身旁，厉声追问起来。

卢梭紧张极了，心想，如果承认丝带是自己拿的，那他一定会被辞退。以后再找工作，可就更难了。他结巴了好大一会儿，最后竟撒了个谎，说丝带是小厨娘玛丽永偷给他的。伯爵半信半疑，就让玛丽永过来对质。善良、老实的小玛丽永一听这事，脑瓜子顿时懵了，一边流泪，一边说："不是我，绝不是我！"可卢梭呢？却死死咬住了玛丽永，并把事情的所谓"经过"编造得有鼻子有眼。

这下子，伯爵更恼火了，索性将卢梭和玛丽永同时辞退了。当两人离开伯爵家时，一位长者意味深长地说："你们之中必有一个是无辜的，说谎的人一定会受到良心的惩罚！"

果然，这件事给卢梭带来了终身的痛苦。

40年后，卢梭在本人的自传《忏悔录》中坦白说："这种沉重的负担一直压在我的良心上……促使我决心撰写这部忏悔录。""这种残酷的回忆，常常使我苦恼，在我苦恼得睡不着的时候，便看到这个可怜的姑娘前来谴责我的罪行……"

从卢梭的《忏悔录》中，我们可以看到这位思想伟人一生的道路，更能够看到一个光明磊落的心灵。

卢梭名言

人生的价值是由自己决定的。

人们说生命是很短促的，我认为是他们自己使生命那样短促的。由

于他们不善于利用生命，所以他们反过来抱怨说时间过得太快；可是我认为，就他们那种生活来说，时间倒是过得太慢了。

节约与勤勉是人类两个名医。

当一个人一心一意做好事情的时候，他最终是必然会成功的。

在儿童时期没有养成思想的习惯，将使他从此以后一生都没有思想的能力。

科学共产主义的创始人——马克思

名人档案

姓名：马克思（1818～1883）

家乡：德国普鲁士邦莱茵省特里尔城

主要成就：德国伟大的政治家、哲学家、经济学家、革命理论家，全世界无产阶级的革命导师、马克思主义的创始人。他最广为人知的哲学理论是对于人类历史进程中阶级斗争的分析。他认为人类发展史上最大矛盾与问题就在于不同阶级的利益掠夺与斗争，并依据历史唯物论大胆地提出，资本主义终将被共产主义取代。其主要著作有《资本论》、《共产党宣言》等。

名人故事

明天不出报

1843年10月的一天，普鲁士的《莱茵报》上登出了一则招聘启事，说要聘请一位学识丰富的人来出任该报的主编。启事登出的当天，就有一个身穿西装，长着络腮胡子的人前来应聘。他就是马克思。

可是，当报社老板看了他的简历后才知道，他今年仅仅25岁。在老板的意识中，主编应该是一位经验老到、学识渊博的人，一个25岁的年轻人能够胜任吗？于是就对马克思说："虽然你写过不少文章，说实话质量也不错，可是你这么年轻，能担得起这样的重任吗？"

马克思听了，微微一笑说："先生，您的忧虑可以理解。可是，我想说的是，一个人的学识的高低与年龄应该没有什么必然的关系吧。请您耐心看完我的应聘材料再说。如果您还有顾虑，可以出些题目来考考我！"

报社老板拿起马克思的应聘材料仔细看了一遍，才知道他是耶拿大学哲学系的博士生，于是态度马上来了个180度转变，笑着说："实在抱歉，请原谅我刚才的无礼。"接着，马上拿出了聘书，聘请马克思担任《莱茵报》主编。

其实，马克思之所以来应聘报社的主编，他真正的目的是想把《莱茵报》当做一块阵地，借助媒体的力量来抨击腐朽没落的资本主义制度，宣传革命道理，从而唤醒人民的觉悟。

在他上任后不久，当地就发生了一起"林木盗窃"事件。事情是这样的：

普鲁士西部有大片的原始森林和草原，一直都是当地农民、牧民生活的经济来源。后来，几个贵族和地主强行霸占了那片森林和草原，还划分了各自的势力范围。他们在森林里伐木，在附近开了许多木材加工厂，又在草原上开辟了牧场和奶制品厂，肆意剥削当地居民，以牟取暴利。这些本该是属于当地农民、牧民的森林和草原，却被贵族地主们当成了自己的私有财产，农民去森林里捡枯树枝当柴烧，孩子们到草地上去采草莓、蘑菇，都被视为偷窃。

于是，普鲁士的莱茵省议会开会讨论"林木盗窃"问题，要立法处罚盗窃者。马克思明白，议会一旦立法，就是从法律上承认贵族地主霸占的土地是属于他们的私有财产。

这简直是颠倒黑白的行径！马克思和同仁们都感到愤愤不平，就写了许多文章登在《莱茵报》上，抨击议会的无道，并要求地主贵族把森林和草原还给当地农民。这些文章深得人心，在当地乃至全国都引起了强烈的反响。

这一切使得普鲁士反动当局非常恐慌。于是，他们派出检察官亲自审定报纸清样，只有等他们满意后，报纸才可以在第二天出版。这些不学无术的检察官用红笔东勾西画，常常让印刷厂的工人连夜加班。马克思非常气愤，于是决定要捉弄一下这些无知的检察官。

一天晚上，检察官要带他的妻子和女儿去参加省督举办的舞会，但在赴会之前，他必须首先完成《莱茵报》的检查工作。可是恰好在这天晚上，清样没有按时送来。检察官等了又等，还是没等到，想离开又不敢失职，但又不想错过在舞会上露面的机会。

眼看着都快晚上10点钟了，检察官等得实在不耐烦了。于是，他打发仆人去印刷厂取清样。仆人回来报告说，印刷厂早已关门了。检察官决定驾车火速赶到马克思的住处，亲自去取。

他来到马克思家门口一看，门已经关上了。他敲了半天，马克思才从3楼上的一个窗口探出头来。

“清样！”检察官抬着头生气地大声吼叫。

“没有！”马克思同样也朝下不高兴地叫喊。

“啊！为什么？”

“我们明天不出报了！”说完马克思就关上了窗户。

检察官碰了一鼻子灰。想要去参加舞会，一看时间，舞会都快散场了，只好气呼呼地回家去了。

马克思名言

社会的进步就是人类对美的追求的结晶。

与其用华丽的外衣装饰自己，不如用知识武装自己。

我们知道个人是微弱的，但是我们也知道整体就是力量。

自暴自弃，这是一条永远腐蚀和啃噬着心灵的毒蛇，它吸走心灵的新鲜血液，并在其中注入厌世和绝望的毒汁。

读史使人明智，读诗使人灵秀，数学使人周密，科学使人深刻，伦理学使人庄重，逻辑修辞使人善辩。

——［英国］培根

书读得多而不思考，你会觉得自己知道的很多；书读得多而思考，你会觉得自己不懂的越多。

——［法国］伏尔泰

第2辑 政治家

历史是人民创造的，这毋庸置疑。但我们不能忽略和忘记那些引领人民创造历史，推动社会不断向前发展的人，他们就是古今中外、历朝历代涌现出来的政治家。如果没有他们，社会的发展就找不到明确的方向，人类的进步就会遭遇更多曲折，人民就会遭受更多的磨难。一切伟大的政治家，在思想上，通晓历史的过去，把握时代的脉搏，明确发展的方向，又有自己奋斗的目标；在意志上，坚强不屈、不折不挠，具有不达目的誓不罢休的英雄气概；在实践上，不尚空谈、求真务实，一步一个脚印地走自己认准的路。他们不仅是我们敬仰的伟人，也是我们学习的楷模。

千古一帝——秦始皇

名人档案

姓名：嬴政（前 259～前 210）

家乡：陕西咸阳，出生于赵国都城邯郸（今河北省邯郸市）

主要成就：他于公元前 230 年至前 221 年，先后灭韩、赵、魏、楚、燕、齐六国，完成了统一大业，建立起一个以汉族为主体、多民族统一的中央集权的强大国家——秦朝。他是中国历史上第一个使用“皇帝”称号的君主，对中国和世界的历史均产生了深远而重大的影响，被明代思想家李贽称为“千古一帝”。

名人故事

从小人质到始皇帝

公元前 259 年，嬴政出生在赵国首都邯郸。那时，周朝早已开始衰落，各诸侯国纷纷崛起，它们分裂割据，各占一方。当时秦、韩、赵、魏、齐、燕、楚七国的势力较强大，史称“战国七雄”。各诸侯国为了争夺霸主地位经常发生激烈的战争，连年的战争使当时的社会动乱不堪，民不聊生。

嬴政出生的时候，他的父亲正在赵国做人质，因此嬴政的幼年和童年是在异国他乡度过的，还要受到赵国人的监视。嬴政 10 岁那年，才随着父母回到了秦国。他的父亲后来成为秦国的国君，就是秦庄襄王。

公元前247年，秦庄襄王去世后，13岁的嬴政继承了王位，但是当时由于他年纪小，并没有实权，国家政事都由相国吕不韦把持。吕不韦勾结党羽，在朝中形成了一股强大的势力。嬴政一天天长大后，对这种状况心知肚明，但他自知时机还未成熟，便不去干涉吕不韦，而是发奋读书，渐渐成熟起来。终于在他22岁那年，抓住时机，消灭了吕不韦和他的反对势力，开始亲理国家大事。

嬴政不仅能够把握时机，还善于用人。他亲政后，广招天下人才，几年后，便拥有了一批超群的文才武将。秦国渐渐强大起来，他采用了大臣李斯和尉缭的建议，制定了一个统一六国的战略——“远攻近交”的策略。从公元前230年到公元前221年，秦国用了10年的时间，先后灭掉了韩、赵、魏、楚、燕、齐六国，统一了天下，结束了长达600年的诸侯割据局面，建立了中国历史上第一个统一的多民族封建国家——秦朝，嬴政自封为始皇帝，也就是我们所熟知的秦始皇。

秦始皇是一位高瞻远瞩，具有雄才大略的帝王，因此当他统一中原后，便立即大张旗鼓、马不停蹄地“亲巡天下、周览远方”。秦始皇出巡的目的，不是为了游览各地风景，而是为了视察边疆的防务工作，并且加强对各地的专制统治。

此外，他还统一了度量衡、货币和文字，设立了郡县，从而建立了一整套封建主义中央集权制度。为了抵御匈奴的进犯，他还组织修建了长城。从此中国历史上第一个统一的国家就这样稳固下来。秦始皇也成了中国历史上第一个统一中国的皇帝。

名人论秦始皇

续六世之余烈，振长策而御宇内。——（西汉）司马迁

秦王扫六合，虎视何雄哉！——（唐）李白

始皇帝，自是千古一帝也。——（明）李贽

乱世雄杰——曹操

＊名人档案＊

姓名：曹操(155～220)，字孟德

家乡：沛国谯县(今安徽亳州)

主要成就：三国时期杰出的政治家、军事家、诗人。在政治军事方面，曹操消灭了众多割据势力，统一了中国北方大部分区域，并实行一系列政策恢复经济生产和社会秩序。在文学方面，在曹操父子的推动下形成了以“三曹”(曹操、曹丕、曹植)为代表的建安文学，史称“建安风骨”，他的诗以慷慨悲壮见称，在文学史上留下了光辉的一笔。

＊名人故事＊

望梅止渴

东汉末年，天下大乱，各地的军阀为了扩充实力，互相争斗不休，给人民带来了许多痛苦。在军阀混战中，曹操的势力逐渐壮大起来，他做了东汉政府的丞相，实际上控制了中央政府，历史上称其为“挟天子以令诸侯”。和其他军阀不同，曹操希望能够实现国家的统一，让老百姓过上和平安宁的日子。为了实现这个理想，曹操不断以汉朝皇帝的名义，去讨伐各地叛乱的军阀。

有一年夏天，曹操带领着大部队去征战。一天，骄阳似火，万里无云，天气非常炎热。曹操带领着几十万大军行走在一片原野上。为了赶路，士兵们从早上出发，一直在快速行军，一上午大家都没顾得上吃一口饭，喝一口水。原本就酷热无比的天气，再加上连续快速行军，很多士兵早就感到饥渴难耐了。可是，在那一大片望不到头的广阔原野上，既没有小溪，也没有泉眼，到哪里去找水喝呢。

到了中午时分，士兵们口干舌燥，实在受不了了。

“如果我们再没有水喝，一定会渴死的。”“对呀，对呀，我现在也快渴死了！”“对呀，我也要渴死了，已经走不动了，我们不要再走了！”士兵们纷纷抱怨。

后来，有几个体弱的士兵竟然晕倒在了路边。看到这种情景，其他士兵们干脆坐在了地上，不愿意再继续前进了。

曹操怕贻误战机，心里十分着急。可是，眼下这几十万人马连水都喝不上，又怎么能加快行军速度呢？他想有什么好办法能够解了大家的口渴呢？

他想了想，忽然心头一亮。

他指着很远处的一片山林，大声对士兵们说：“喂！兄弟们，赶快起来，前面是一片梅子林，树上结了很多很多酸溜溜的梅子。只要我们走过这片大原野，就有梅子吃喽！”

大家一听有好多好多酸溜溜的梅子可以吃，嘴里不知不觉就生出来许多唾液，这样一来，忽然感觉不到渴了。

为了早早吃到酸溜溜的梅子，大家一下子来了精神，纷纷从地上爬起来，跟着曹操向前急赶。最终在梅子的诱惑下，这支渴得嗓子快要冒烟的部队顺利地穿过了那片原野，及时完成了战略任务。

从这个故事，我们不难看出，曹操是个非常聪明的人，面对影响自己的目标的难题，他不抱怨、不专断，而是进行缜密的思考，做到急中生智，让问题顺利地解决。

削发代首

曹操经常要带兵打仗，他的部队一向军纪严明，而且他自己也以身作则，带头遵守纪律。因此他统领的军队战斗力非常强。

有一次，曹操亲自率领大军出征。那时，正是麦收季节。在行军的路上，曹操看见路边的麦子都已经成熟了，可是却无人收割。曹操很纳闷，一打听才知道，原来老百姓是因为害怕士兵，都躲了起来，不敢出来收割麦子。

曹操便派人挨家挨户地告诉村里人和各处官吏，说："我奉皇上的旨意，出兵讨伐叛逆的贼人，为民除害，不会伤害无辜百姓。从现在开始，我下令，所有的士兵，只要有践踏麦田的，一律斩首示众，决不食言。请父老乡亲们不要害怕，赶紧出来收割麦子。"

老百姓开始都不相信，仍旧悄悄地躲在暗处观察着曹军的一举一动。

士兵们都知道曹操是个说到做到的人，于是在经过麦田的时候，一个个都非常小心，生怕不小心踩到麦子，遭到处罚。所以，他们经过之处，麦田没有受到一点儿践踏。

老百姓在暗处看见了，心里暗暗称颂这支纪律严明的军队。

这一天，曹操骑马走在队伍的后面，他边走边想战术方面的事情。忽然，从路旁的草丛里飞出一只鸟，将曹操的战马惊了一下。受惊的战马嘶吼着狂奔起来，一下子蹿入了麦田中，等曹操控制住了惊马，田里的麦子已经被踩倒了一大片。

曹操立即叫来随行的官员，要按照律例治自己的罪。官员说："怎么能治丞相的罪，更何况您又不是故意而为，这不过是个意外，就免了吧！"

曹操威严地说："这怎么行，我亲口说过的话，我自己都不遵守，还有谁愿遵守呢？再说，一个不守信用的人，又怎么能够统领得了成千上万的士兵呢？"说着从腰间抽出佩剑，就要自刎，众人连忙上前拦住。

这时，大臣郭嘉走到曹操面前说："古书《春秋》上说，法不加于尊。丞相统领大军，重任在身，怎能自杀呢？"

曹操沉思了好长时间，才对众人说："既然古书上有法不加于尊的说法，我现在又肩负着天子交给我的重要任务，那就暂且免于一死，但是我不能说话不算数。我既然犯了错就理当受到惩罚，只有这样才能服众。"

说着，曹操挥剑削掉了自己的头发，扔在了地上，说："那么就让这缕头发代替我的头吧。"

老百姓知道了这件事后，都异常敬佩这位带兵的统帅，也彻底消除了心中的忧虑，纷纷出来收割自己的麦子了。

*** 曹操名言 ***

夫英雄者，胸怀大志，腹有良谋，有包藏宇宙之机，吞吐天地之志者也。

老骥伏枥，志在千里。烈士暮年，壮心不已。

从乞丐到皇帝——朱元璋

*** 名人档案 ***

姓名：朱元璋(1328～1398)，幼名重八，又名兴宗，后改名元璋，字国瑞

家乡：濠州钟离(今安徽凤阳东北)

主要成就：明朝的开国皇帝。1368年，推翻腐朽暴虐的元朝政权，扫除了各地农民起义，建立了大明王朝，使中国又进入了一个统一的、繁盛的社会时期。

*** 名人故事 ***

敢作敢当的“小丈夫”

明朝的开国皇帝朱元璋出生在一个贫困的农民家庭里。因为他出生那年的八月是闰月，出生日又是初八，所以父亲给他起名叫“朱重八”。他长得其貌不扬：黝黑的皮肤、高高的颧骨、大鼻子、大耳朵、大眼睛、粗眉毛。但朱元璋从小就是个非常聪明、有胆识、有主见、敢作敢当的“小丈夫”。

小时候，由于家里实在太贫穷，朱元璋几乎没有享受过童年的快乐，刚会走路就去给一户地主家放牛。那时候，很多和他一样的穷人家的孩子都喜欢围着他，他俨然成了那群穷孩子的小领袖。后来成为明朝开国功臣的徐达、汤和、周德兴都是朱元璋那时候的小伙伴。

贫困的家境使这些孩子经常忍饥挨饿。有一天，一群孩子在山里放牛，还没到收工的时候大家就都饿了，可是又不敢回去，怎么办呢？这群放牛的小伙伴围在一起，议论纷纷。有的说要是有碗白面条吃就好了，有的说真想吃块白切肉，还有的说肉是财主吃的，啥滋味咱不知道……

正在大家说得兴起的时候，朱元璋想出了一个好主意。他说：“不如咱们杀一头牛吃吧！”

那些小伙伴都很惊讶地看着朱元璋，然后纷纷摆手摇头，说：“不行，不行，这要是让东家知道了，非得要咱们的命不可。”朱元璋说：“不用怕，一切后果由我一个人担着，我自有办法对付他。”说罢，便走到一条花白小牛的身旁，用绳索困住它的四条腿，放倒在地。

小伙伴们见朱元璋来真的，也都豁了出去。大家一起动手，杀牛剥皮，捡柴生火，一会儿工夫就把一条小牛变成了一席香喷喷的牛肉宴了。这群饿慌了的孩子，狼吞虎咽，风卷残云般地将一头小牛吃了个精光。

大家吃饱后，朱元璋又带领大家将牛皮、牛骨头埋了，又用泥土把血迹掩盖好。随后他将牛尾巴插到了山上的岩石缝里。

到了晚上，他回去禀报东家，说小牛钻进山洞里，出不来了。东家不信，大发雷霆，并派管家徐二去查个究竟。幸好徐二也是穷苦人出身，他同情这些穷孩子，上去看了看，便以讹传讹，回去禀报东家时说小牛确实钻进了岩洞里。

这样朱元璋虽然逃过了一劫，但还是挨了一顿毒打后被赶回了家。

尽管他因此丢掉了饭碗，却得到了小伙伴们的衷心拥护，直到后来，这些小伙伴一直都忠心耿耿地跟着他东征西讨、出生入死，直到帮助他打下了天下，建立了明王朝。

皇帝的乞丐生涯

朱元璋17岁那年春天，家乡遭了旱灾，又闹起蝗灾，地里的庄稼几乎颗粒无收。原本就十分贫穷的家庭更加困难。屋漏偏逢连夜雨，不幸接踵而来，不到半年的时间里，朱元璋的父母和大哥先后染上瘟疫，撒手人寰。孤零零的朱元璋迫于生计，只好来到了离家不远的皇觉寺，当了一个小沙弥。他在寺里每日扫地、上香、打钟击鼓、烧饭洗衣，整天忙得团团转，有时仍会受到老和尚的斥责。尽管有时候觉得委屈气恼，但这里终究还能供他一顿饱饭，所以也就只好忍辱度日。

然而，皇觉寺是一座靠收租过日子的庙，那年由于天灾人祸，收不到租米，也难以维持生活，于是，寺里的大小和尚都出门云游去了。在他进寺还不到两个月的时候，寺里就没有吃的了。没办法，他也只好硬着头皮出去化缘。

朱元璋头戴一顶破帽子，肩挎一个小包袱，手里捧着木鱼、瓦钵，离开了皇觉寺，成了一名游行僧，从此踏上了"化缘"——实际上是行乞的艰难历程。

有一天，朱元璋走到合肥地界的一个村子，恰巧遇到这个地方的地方官正在村子里征粮税。本来就遇上天灾，官吏还横征暴敛，使穷苦的百姓无法生存，叫苦连天。

在村头，他碰到一个书生模样的青年，那个青年看着可怜的百姓和暴虐的官差，嘴里小声嘟囔："哎！可叹古今良吏少啊。"这正好被从他身旁经过的朱元璋听到。朱元璋深有同感，也不禁感叹道："嗯！须知世上苦人多嘛。"他这一叹，惊动了穷书生。穷书生上下仔细打量了一番身旁的这个小和尚，有种一见如故的感觉，便与他攀谈起来。中午的时候，青年书生把朱元璋请到自己家，让他吃了顿粟米糊糊。

在这段时期，朱元璋去过很多地方，亲眼目睹了元朝的暴虐统治下贪官污吏的横行霸道，体会到了老百姓遭受的苦难。这个时候，他虽然谈不上"读万卷书"，却亲身体会到"行万里路"，使他大大开阔了眼界。

这是一段非常痛苦的经历，朱元璋每天不仅要露宿野外，经常饿肚

子，还要遭受别人的白眼。但是这样的经历并没有打垮他，而是磨炼了他的意志和毅力，坚定了推翻元朝的决心。后来，朱元璋参加了农民起义军，从普通士兵做起，逐渐成为起义军的领袖之一，并最终建立了明朝。

＊朱元璋名言＊

雪压枝头低，虽低不着泥；一朝红日出，依旧与天齐。

贤才，国之宝也。

美国的国父——华盛顿

＊名人档案＊

姓名：华盛顿（1732 ~ 1799）

家乡：美国弗吉尼亚州威斯特莫尔兰县

主要成就：美国独立战争的领导者和组织者，美利坚合众国的开国总统。由于他对争取美国独立、发展美国经济、建设民主法制和巩固联邦基础所作的贡献，被美国人尊称为“国父”。

＊名人故事＊

第一份工作

乔治·华盛顿8岁时，他的同父异母的哥哥劳伦斯从英国学成归来，小华盛顿那时候非常喜欢听哥哥讲述那些生动的战争故事，在他的心目中，劳伦斯俨然是一位值得崇拜的英雄。那时候，在他幼小的心灵里就产生了想做一名军人的愿望。

华盛顿 11 岁那年，父亲突然病逝。父亲为他们留下了一笔可观的遗产，劳伦斯取得了波托马克河畔的庄园，华盛顿得到了腊帕赫诺克河畔的弗雷庄园。后来哥哥结婚后，就与乔治分开生活了。

1747 年夏天，弗吉尼亚天气炎热，有时候连一丝风也没有。英国贵族费尔法克斯勋爵从大西洋彼岸来到这里。他是为了整顿和丈量他在弗吉尼亚的大片土地而来的，因此他需要寻找一些土地测量员为他工作。

一次偶然的机会，华盛顿认识了勋爵，他们聊得很投机，之后便常常来往。有一天，华盛顿来到了勋爵的贝尔沃庄园，勋爵问："听说你曾经做过丈量土地的工作，这是真的吗？"

华盛顿回答说："当然是真的，我用父亲留下来的工具曾为弗雷庄园测量过土地，我还画了测量图纸呢！"

"那好，明天请你把图纸带来给我看看吧！"勋爵说。

第二天一早，华盛顿就带着图纸来了，勋爵边看图纸边提出几个问题，华盛顿对答如流。勋爵看完图纸，十分满意，说："这图纸画得不错，不知你愿不愿意到西部测量土地？"

"当然愿意！"华盛顿毫不犹豫地回答。

"我在西部有一大片土地，已经很久没有派人去测量了，你既然有兴趣就去和我侄儿一起干吧，我相信你会干得很出色的！"

华盛顿由此开始了他的第一份工作。1748 年春天，年仅 16 岁的华盛顿和勋爵的侄子一起跨上骏马，向西部的原野奔驰而去。

不久，他们就来到了勋爵在西部的那片土地，开始了土地测量工作。白天，他们拿着测量工具，顶着日晒，冒着雨淋，四处奔走丈量土地。晚上，寒星稀疏，他们就寻找一个乡民家借宿一夜。

有一次，华盛顿在一个乡民家里过夜，乡民家里很穷，床上只有一条草席和一条旧毛毯。但是他顾不上那么多了，倒头就在床上睡着了。可是没过多久，他就醒了，他觉得身上奇痒无比，他发现是床上的虱子和臭虫闹的。那次他一夜都没有合眼。年轻的华盛顿从来没有想过测量土地要吃这么多苦。

不久后，春雨开始绵绵不绝地落在那片荒凉的土地上，他们即将面临更加严重的困难。雨后的土地泥泞不堪，他们只能艰难地跋涉。晚上是最难熬的时候，有时测量到荒无人烟的地方，他们没有住处，只能点燃一堆篝火，在野外过夜。更惨的是，如果遇上雨夜，他们就只能蜷缩在帐篷里。有一次帐篷被暴风雨吹翻了，华盛顿淋得浑身湿透。但是他没有放弃，一直坚持着将土地测量完才回去。

这测量土地的第一份工作，虽然让华盛顿吃尽了不少苦头，但是也让他增长了不少见识，也让他接触了不少乡民，了解了他们的遭遇，对社会有了更加深刻的认识。

“决　斗”

1754 年，华盛顿当时还是一名血气方刚的上校军官。那时，他率部在亚历山大市驻防。

当年，弗吉尼亚州正在选举议员。各个候选人以及他们各自的支持者争得不可开交。一个名叫威廉·佩恩的人到处发表演讲，批评华盛顿支持的候选人，为此，华盛顿很生气。

有一天，华盛顿与佩恩两个冤家碰在了一起，唇枪舌剑之中，华盛顿说了一些过激的话，冒犯了佩恩。佩恩火冒三丈，冲过去一拳将华盛顿击倒在地。华盛顿的部下马上围了过来，要教训佩恩，为他们的上司雪耻。而华盛顿却忍痛站起来，带着摩拳擦掌准备出手的部下们返回了营地。

第二天，华盛顿写了一张便条，派一名部下送给佩恩，约他到一家酒馆见面，解决昨天两人结下的芥蒂。

佩恩看了便条后大吃一惊，他认为华盛顿肯定是要和他进行生死决斗。佩恩虽然紧张，但也不是个胆小鬼，在家里准备了一下，便去酒馆赴约了。

当天赶到酒馆一看，华盛顿没带一兵一卒，也没佩带决斗的长剑和手枪，而是西装革履，一副绅士派头，根本没有决斗的意思。见佩恩进来，华盛顿端着酒杯微笑地站了起来，伸手握住佩恩的手，很真诚地说：“佩恩先生，人不是上帝，不可能不犯错。昨天的事是我对不起你，不该说那些伤害你的话。不过，你已经采取了挽回自己面子的行动，也可以说是我已为我的错误遭到了惩罚。如果你愿意的话，让我们把昨天的不愉快统统忘

掉，在此碰杯握手，做个朋友好吗？”

佩恩被深深地感动了。他紧紧地握住华盛顿的手，热泪盈眶地说：“华盛顿先生，你是个高尚的人。如果你将来成了伟人，那么，佩恩将会是你永久的追随者和崇拜者。”

后来华盛顿果然成了美国人民世代崇敬的伟人。佩恩也没食言，他至死都是华盛顿的忠实追随者和狂热崇拜者。

* 华盛顿名言 *

自己不能胜任的事情，切莫轻易答应别人，一旦答应了别人，就必须实践自己的诺言。

衡量朋友的真正的标准是行为而不是言语。

我希望我将具有足够的坚定性和美德，借以保持所有称号中，我认为最值得羡慕的称号：一个诚实的人。

要努力让你心中的那朵被称为“良心”的火花永不熄灭。

我们最稳当的保证人是我们自己的智慧。

战争之神——拿破仑

名人档案

姓名：拿破仑（1769～1821）

家乡：法国科西嘉岛

主要成就：法兰西第一帝国的缔造者，著名的法国资产阶级军事家和政治家。他率领法军征战欧洲，一度成为欧洲的主宰，后人称他为“战争之神”。

名人故事

从卑微到强大

1769年，拿破仑出生在一个破落的科西嘉贵族家庭里。他的父亲虽然穷困潦倒，但是又十分高傲。他小时候被父亲送进了布里恩的一个贵族学校。学校里的同学都是贵族子弟，他们经常在拿破仑面前炫耀自己多么富有，还常常借机讥讽贫穷的拿破仑。这种讥讽和嘲笑深深地刺伤了幼小的拿破仑的自尊心。他虽然十分愤怒，但是却无能为力，他只能强忍着心中的不满。

后来，拿破仑实在受不了这种鄙视与嘲讽，就写信给他的父亲：“为了忍受这些外国孩子的嘲笑，我实在是不想解释我的贫困了，他们唯一高于我的便是金钱，至于说到高尚的思想，他们远在我之下。难道我应当在这些富有而骄傲的人面前永远谦卑下去吗？”

他的父亲回信说道：“我们没有钱，但是你必须把书念完。”于是，他不得不继续忍受着那种嘲讽艰难地度过了5年。在那5年的时间里，他暗下决心：将来一定要好好做人，以实际行动让那些愚蠢的贵族子弟们知道，他确实要比他们优秀。他为了这个决心，非常努力地学习。

16岁那年，他终于当上了少尉，可以拿到一点薪水。可是不幸的是，他的父亲去世了，这样，他不得不从他那本来就很微薄的薪水中，拿出一部分来赡养他的母亲。

此时的他更加努力，为了将来不再为生存而头疼。当他的同伴们用多余的时间去追求女人和赌博的时候，他却在埋头苦读。他充分利用可以免费在图书馆借书的权利，读了很多书，并且从中得到了很大的收获。当然，他也并不是漫无目的地读那些乱七八糟的书，也不是借书来消遣自己的郁闷，而是有选择地读，是为了实现自己的理想而读。

那时，拿破仑住在一个狭小而闷热的房间里，闷热的空间常常让他觉得就要窒息，但是他从来没有停止过努力。

拿破仑还常常在他的小房间里，把自己想象成一个总司令，将科西嘉岛的地图描绘出来，并在地图上标明哪些地方应当布置防御。这些标记不是他随便想出来的，而是经过精确计算得来的。

后来他的长官发现拿破仑很有学问，便派他去做一些极为复杂的计算工作。他很出色地完成了任务，因此又获得了升职的机会，荣升为一名军官。

当他成功后，那些曾经讥笑他、鄙视他的人，都成了他的崇拜者。他们将从前的嘲讽和轻视态度转变成了尊重和拥戴。拿破仑终于通过自己的不懈努力，改变了自己卑微的命运。

机智沉着的"战神"

拿破仑之所以能够带领他的军队踏遍几乎整个欧洲，建立法兰西第一帝国，是因为他有着坚强的性格、乐观的心态，还有明确的目标。他的这种精神不仅让他在战争中保持清醒的头脑，而且也感染了他的士兵，使他们在战斗中充满了力量和必胜的信念。

有一次，拿破仑带领着他的军队在与敌人作战时，遭到了顽强的抵

抗。那次他的队伍损失惨重，形势非常危险。在指挥战斗的时候他还不慎掉入了泥潭，被弄得满身是泥，狼狈不堪。可是，他并没有绝望，此时他的内心深处只有一个信念，那就是无论如何也要打赢这场战斗。于是他从泥潭中爬起来，大吼一声："冲啊！"

一时间，所有的战士都恢复了士气，群情激昂，奋勇抗战，终于打赢了那场战斗。

还有一次，是在他攻打俄国时，他的部队在一个荒凉的小镇上与俄军作战。作战过程中他意外地与自己的军队失去了联系，还被一群俄国哥萨克人给盯上了。哥萨克人开始在弯曲的街道上追杀他。周围没有他的军队，他只能一个人拼命地奔跑逃命。忽然他发现了一个偏僻的小巷，于是他赶紧潜入了小巷的一户皮毛商人家。他气喘吁吁地逃进店里，对皮毛商人说："我可以藏在哪里？"

商人让他藏在角落的一堆皮毛下面，又将很多张毛皮盖在了拿破仑身上。

刚盖完，那几个俄国的哥萨克人就进来了，大声地质问："他在哪里？刚才我们看见他进来了！"说着就开始到处搜查，全然不顾商人的阻拦。他们找遍了各个角落也没有发现拿破仑的踪影。后来一个人看见了那堆皮毛，就用剑在上面刺了几下，见没有什么反应，就悻悻地离开了。

敌人走后，拿破仑从那堆毛皮里钻了出来。这时，他的侍卫赶来了，看见他毫发未伤总算是放心了。此时惊魂未定的毛皮商人胆怯地问拿破仑："大人，刚才你躲在毛皮下，知道自己的下一刻可能是最后一刻，那是什么样的感觉？"

拿破仑很生气地说："你竟然对拿破仑皇帝问这样的问题，警卫，将这个不知轻重的人带出去，蒙住他的眼睛，处决掉。本人将亲自发布枪决命令！"

警卫按照拿破仑的命令将毛皮商人的眼睛蒙住，然后拖到外面，让他面壁而立。商人的眼睛被蒙住了，虽然他看不见任何东西，但是能清楚地感觉到士兵们站成一排，并能听见他们准备步枪的声音。他心里害怕极了，双腿不由自主地颤抖着。这时，他听见拿破仑清清喉咙，慢慢地喊着："预备……瞄准……"在那一刻，他几乎快要绝望了，瞬时泪流满面，一种难以形容的感觉布满全身。

但是，当拿破仑喊完“瞄准”后，一切又安静了下来，过了一会儿，商人听到有脚步声靠近他，他的眼罩被摘了下来。拿破仑看着他，轻柔地对他说：“现在你知道是什么感觉了吧？”

拿破仑用这个方法回答了商人的问题，同时也给他上了生动一课：在面对危险的时候，不要恐慌，也不要畏惧，要冷静地去寻找脱身的机会。

拿破仑名言

不想当将军的士兵不是好士兵。

没有机会！这真是弱者的最好遁词。

不以小事为轻，而后可以成大事。

人生的光荣，不在永不失败，而在于能够屡败屡战。

不会从失败中寻求教训的人通向成功的道路是遥远的。

在我的字典中，没有“不可能”这样的字眼。

从伟大崇高到荒谬可笑，其间只相差一步。

自己不能胜任的事情，切莫轻易答应别人，一旦答应了别人，就必须实践自己的诺言。

——［美国］华盛顿

不会从失败中寻求教训的人通向成功的道路是遥远的。

——［法国］拿破仑

第3辑 科学家

当你坐在开着空调的屋子里看电视、玩电脑时，当你乘着飞机、火车或汽车探亲访友、周游世界时，当你的思绪随着神舟飞船一起遨游太空时，你是否感受到了科学的神奇力量和无穷魅力？可以说，没有科学就没有我们现在所看到和拥有的一切。当然，所有的科学发明都离不开科学家睿智的头脑和善于发现问题、提出问题、刻苦钻研、勇于创造实践的品质。

中国铁路之父——詹天佑

＊名人档案＊

姓名：詹天佑（1861～1919），字达朝

家乡：安徽婺源（今属江西），生于广东南海

主要成就：中国第一位杰出的铁路工程师，中国铁路工程的先驱。主持修建了中国自建的第一条铁路——京张铁路（北京—张家口），被誉为“中国铁路之父”。

＊名人故事＊

爱摆弄“洋玩意儿”的孩子

詹天佑出生于广东南海一个茶商家庭，鸦片战争后，清政府签订了丧权辱国的《南京条约》，除了割地赔款，还开放了上海、宁波、广州等5处通商口岸，西方各国的商人纷纷在这些地方开设了洋行，通过中国买办直接购进茶叶等大宗商品，詹家原来兴旺的茶叶外贸生意逐渐衰败下来，几乎到了破产的边缘。

尽管生计艰难，但父亲还是在詹天佑6岁的时候，把他送进了当地的一家私塾。在这样的旧学中，詹天佑学的仍然是《三字经》、《四书》、《五经》等传统文化知识以及八股文的写法。也许是受当时的时代影响，也许是詹天佑的本性使然，他对八股文一点儿也不感兴趣，相反，却对一些“洋玩意儿”情有独钟。

由于当时的广州属于5处通商口岸之一，詹天佑从小就经常看到并

接触到很多来自西方的“洋货”以及各种各样的机器。詹天佑被这些机器深深地吸引着，每每在街上看到洋人或者从国外回来的人摆弄一些“洋玩意儿”时，他都会好奇地驻足观望，仔细观察别人的操作方法、机器结构等等，渴望了解这些新奇东西内在的秘密。遇到百思不得其解的地方，他还会很有礼貌地向别人请教，追根究底地弄明白自己的疑惑。由于家里穷，买不起这些西洋的东西，他就悄悄地捡一些别人不用的机器零件收集起来，他经常在衣兜里装着捡来的小齿轮、发条之类的东西，一有时间就掏出来反复摆弄，一会儿拼装成奇形怪状的玩意儿，一会儿又拆开重新组装，一个人玩得不亦乐乎。

詹天佑去私塾的路上要经过一个工厂，里面的大机器每天轰隆隆地运作着，运货车也进进出出地忙碌着，这一切都让詹天佑觉得很好奇。他每天路过这个工厂的时候都要在门口站上很久，心里充满了疑问：为什么那些机器不用人力就能够工作呢？是什么给了它力量呢？它里面的结构是什么样子……一边琢磨，一边蹲在地上画着机器的结构图，思考机器的工作原理。如此一来，就经常耽误上课的时间。

詹天佑的父亲很疼爱这个儿子，他知道以现在的时代、自己家的家境来说，都已经不可能让詹天佑走科举做官这条路了。因此，看到儿子对机器如此热爱时，他就想，不如让儿子学一门西洋技艺，将来也能凭借这个谋生，所以很支持儿子的兴趣。詹天佑家里的墙上挂着一架闹钟，那可以说是家里唯一还值些钱的东西了。这架挂钟也吸引了小詹天佑的目光，一安静下来，他就仰着小脸看那架挂钟，拽着父亲的衣服问：“爹爹，挂钟为什么会滴答滴答地响呢？为什么能报时间呢？那些指针是怎么走的呢？”他一个接一个的问题常常把父亲问得张口结舌，答不上来。詹天佑看得不到答案，就趁父亲不注意的时候把挂钟拆开看了个仔细。可是等他再想把挂钟重装回去时，麻烦来了，他忘记了挂钟的组装顺序，把一堆零件颠过来倒过去地忙了很久，急得出了一身大汗，也没能恢复挂钟原来的面目。没办法，他只好耷拉着小脑袋去告诉父亲。父亲虽然很生气，但他想孩子爱摆弄东西也不是错，因此就带着詹天佑和一堆挂钟零件去了钟表店，让詹天佑仔细地观察钟表工人是如何组装挂钟的。

兴趣是最好的老师，詹天佑对于“洋玩意儿”的兴趣和热爱，最终让他

走上了一条学习西方科技的道路。

艰难报国路

詹天佑 11 岁时，由于家境困难，父亲准备让他辍学去做工挣钱。这时他们的同乡谭伯村恰好从香港赶回来，并带来了一个消息：政府正在招收 12~14 岁的孩子出洋留学。这对于聪明好学、喜欢西洋机器的詹天佑来说是一个很好的机会。

考虑到儿子的未来，詹天佑的父母决定送儿子去香港报考，詹天佑也很争气地通过了考试。他的父亲在清政府的出洋合同上签了字。经过了半年的培训，詹天佑和其他一些同学一起登上了赴美的轮船，开始了他的留学生涯，这一走就是将近 10 年的时间。10 年后，詹天佑在耶鲁大学土木工程系拿到了学士学位，他的毕业论文《码头起重机的研究》也获得了导师很高的评价。本来詹天佑还应该再进行两年的游历，但是他却突然接到了政府裁撤留美学生的命令，只好奉诏立刻赶回国内。

当时担任北洋大臣的李鸿章在北京接见了这批归来的留美学生。按照规定，学生们必须穿长袍马褂并梳起长辫子。无奈之下，詹天佑只好脱下穿惯的西装，换上了长袍，但是，面对李鸿章派人送来的假辫子，詹天佑无论如何也不肯戴。

第二天李鸿章接见他们时，看到他们依旧保持着国外的习惯，直直地站在那里，不下跪行礼，很是生气。忽然，他的目光又瞟到了依旧一头短发的詹天佑，立刻勃然大怒，冲着留学生们大声斥责道："你们真是太离经叛道了，眼里哪还有天地君亲师。"说着甩了甩袖子，气冲冲地离开了。之后又下令这些学生不许离开北京，等候政府的分配。

很多留学生为了谋个好差事，就开始托人想办法找门路，给一些大官们送钱送礼，希望能够得到提拔。而詹天佑看不起这样的行为，他觉得做事要凭借自己的真本事，如此托关系走后门就算是得了个好差事也对国家和百姓没什么好处。因此他执意不肯去叩拜权贵。结果，学土木工程的他竟然被分派到福州水师学堂学习驾驶海船。这着实让詹天佑的心凉了半截，原来报国竟然这么艰难，还需要请客送礼？他虽然想不通，但也无奈，只好去了福建水师，并且一呆就是7年。

正当他报国无门，异常苦闷时，他的老同学邝孙谋来信邀请他担任中国铁路公司的工程师，詹天佑高兴地答应了。

当时，中国的铁路都是外国人出资修建的，他们利用这些铁路掠夺中国的物产，推销外来的洋货。詹天佑看在眼里，气在心中。由此，他暗暗立下了一个誓愿：一定要修建中国人自己的铁路！

最终，在他的主持下，中国人修起了自己的第一条铁路——京张铁路。1909年9月24日，京张铁路的正式通车掀开了中国铁路建设史上辉煌的一页！

*** 詹天佑名言 ***

勿屈己而徇人，勿沽名而钓誉。

各出所学，各尽所知，使国家不受外侮，足以自立于地球之上。

生命有长短，命运有沉升……所幸我的生命，能化成匍匐在华夏大地上的一根铁轨，也算是我坎坷人生中的莫大幸事了。

克隆之父——童第周

* 名人档案 *

姓名：童第周（1902 ～ 1979）

家乡：浙江鄞县

主要成就：中国卓越的实验生物学家、教育家，也是中国实验胚胎学的奠基人之一。他的一生都在从事细胞生物学、实验胚胎学、发育生物学的研究工作，在两栖类动物、鱼类、脊索动物的卵子发育能力的研究方面作出了重要的贡献。

* 名人故事 *

从倒数第一到正数第一

童第周出生于浙江宁波的一个贫苦家庭，父亲是乡下的私塾老师。由于家里穷，父亲没有钱供他进新学堂念书，所以就一直把他带在身边，一边劳动，一边教他读书认字。就这样直到 17 岁，童第周才有机会进入宁波师范学校读书。

由于童第周之前没有上过学，只和父亲学了一些文史方面的知识，在数理方面没有一点儿基础，因此学校的课程他学起来非常吃力。但童第周没有气馁，决心通过自己的努力克服学习中遇到的难题。他每天除了睡觉吃饭，其余的时间都花在了学习上，从来不和其他同学一起去玩耍，同学们都笑他是个书呆子。童第周的努力终于换来了成果，他的成绩很快进入了班里的前几名，老师也常常用他做榜样来激励其他的同学。

随着知识的积累、眼界的扩大，童第周已经不满足于自己所学的知识了，他想到更好的学校去读书，掌握更多的知识。他把目光瞄准了效实中学，效实中学是当时全浙江最好的学校，要求也非常严格，它不但十分重视数理化学科的基础，而且对英语水平的要求也很高，据说那里的老师都是用英语讲课的。数理化是童第周的薄弱科目，而英语更是他从来没有接触过的东西。因此当哥哥听了童第周的想法后，就劝他："你没学过英语，数理化又差，考这所中学根本不可能，不如报个普通中学吧，那样把握还大一些。"童第周摇摇头说："哥哥不用担心，我一定会努力考上效实中学的。"从此，童第周更加努力了。为了攻克英语，他把单词抄在一些小纸片上，一有时间就反复地背诵，每天都要学到深夜。

哥哥被童第周的决心感动了，决心排除一切困难支持他上学。他委托自己的朋友帮童第周打探效实中学的招生情况。哥哥的朋友带回了一个不好的消息，说效实中学这次招生非常严格，而且不招一年级的新生，只招三年级的插班生，这对童第周来说又增加了一重困难。但是童第周仍然不改初衷，学习更加努力了。最终童第周考上了效实中学，虽然他是被录取考生中的最后一名，但以他的基础来说，这已经是非常难得的了。然而，面对成绩单，童第周还是觉得有些难过，他发誓，一定要把倒数第一变成正数第一。

刚开学不久，学校里就传出了童第周为了谈恋爱，晚上到深夜才回宿舍休息的流言。有人找童第周求证，童第周只是笑笑，并不多作解释。这让他的老师很是担忧。

一个深秋的夜晚，教童第周数学的陈老师由于出去办事，很晚才回到学校。夜晚的校园，寂静而空廓，几盏昏黄的路灯，阵阵卷地的秋风，让人觉得格外冷清。陈老师裹了裹身上的外套，快步向前走着。当他转过一个弯时，忽然发现前面的路灯下有一个瘦小的身影。陈老师先是吓了一跳，待仔细看时，才发现那个身影竟然是童第周。他想起这段日子的传闻，决定过去看看童第周究竟在干什么。他悄悄地走到童第周身后，却不由地愣住了，原来童第周正捧着数学课本，认真地在地上演算题目。陈老师的眼睛有些湿润了，多么好学的一个学生啊！

看着童第周身上单薄的衣服，陈老师对他说："童第周，天太晚了，又这么冷，早点回去休息吧！"

"哦，好的，马上就回。"童第周回答着，手上却没有停止演算。半晌，他才发觉不对，抬头看时，才发现了站在他身边的陈老师。童第周立刻站了起来，有礼貌地叫了一声陈老师。陈老师又催他回去休息。却见童第周挠挠头说："老师，我这有一道题没有弄清楚，您能帮我讲讲吗？"陈老师被童第周的好学精神感动了，他接过课本耐心地给童第周讲解起来，昏暗的灯光下，师生两人的身影拉得很长很长。

期末考试很快就到了，那些认为童第周谈恋爱的同学准备看童第周的笑话，结果，童第周竟然考了全班第一，数学成绩还拿到了满分。有的老师不相信，认为童第周一定作了弊。陈老师为了证明童第周的实力，又单独为他出了一份考题，童第周又一次证明了自己。这时陈老师也把童第周深夜在路灯下看书的事情告诉了各位老师和校长，他们都很为童第周的精神感动。校长说："我当了十多年的校长，还是第一次见到这么好学、进步这么神速的学生呢！"

一架显微镜

1930年，童第周从复旦大学毕业了，在亲友的资助下，他踏上了去比利时首都布鲁塞尔的旅途。虽然身处海外，但他仍然一如既往地努力拼搏着，学习、实验，他处处不落人后。在剥掉青蛙卵子外膜的实验中，他更是一鸣惊人，使导师和周围的同学都对他刮目相看。

1934年，他以优异的成绩取得了博士学位。当时，他的导师告诉他，如果他能继续研究下去，再写一篇论文，就可以得到特别博士的学位。但这时候的中国正处于水深火热之中，童第周想：我是中国人，即便要做研究，也应该回自己的祖国去做，有了成绩才能回报国家。因此他毅然拒绝了导师的挽留，回到了祖国，在山东大学任生物系教授。

抗日战争爆发后，山东大学被迫停课。童第周的好友写信邀请他去香港做研究，但童第周回信说："我的工作完全可以就地取材，在内地一样可以做研究。"

童第周带着家人在兵荒马乱之中开始了颠沛流离的生活，他们来到了四川的一个小镇子上，依靠童第周在一所大学教书的微薄薪水生活。尽管日子过得并不宽裕，但他仍然坚持在教书之余继续进行自己的胚胎学研究工作。研究胚胎学只有空想肯定是不行的，还必须进行实验，但是要做实验就必须有实验设备，其中显微镜是必不可少的器材。但是在那样的战争年代，人们能保住性命，有口饭吃就已经是万幸了，谁又会卖这些东西呢？为了器材问题，童第周急得吃不好饭、睡不好觉。研究是他生命的一部分，不能做实验就好像断了他的饮食一样。看着他每天难受的样子，夫人叶毓芬也很着急。

一天，童第周从外面回来时竟然一扫之前的阴霾，满脸都是笑容。叶毓芬觉得很奇怪，就问他："你今天遇到什么好事了，这么高兴？"

童第周神秘地对夫人说："我发现了一个宝贝。"

"宝贝？"叶毓芬不解地看着丈夫的笑脸，想到丈夫最近正在为研究器材的事情着急，就说，"是不是找到实验器材了？"

童第周重重地点点头："是啊，我今天看到了一架显微镜，而且还是双筒显微镜呢！"显微镜是进行胚胎学实验最重要的仪器，有了它，以后就能够做实验了，难怪童第周这么兴奋。

叶毓芬也激动起来，她问："真的吗？你是在哪里看到的，我们快去把它买回来吧！"

"在镇子里的旧货摊上，我今天从那里路过时发现的……"童第周拿出钱来，拉着妻子出了门，去寻找那个宝贝显微镜。果然，在那个摆满了老古董的旧货摊上，一架蒙着灰尘的显微镜摆在角落里。两个人掩饰着内心的兴奋，向摊主询问道："请问，这架显微镜卖多少钱？"

摊主看了看他们两人，漫不经心地说："6万！"童第周吃了一惊，怎么这么贵。"太贵了，能便宜点吗？"叶毓芬开始和摊主讨价还价。"不行，这可是德国进口的正品货，在这里可是独一无二的。"老板也许是看出他们俩是真心想买，因此无论如何也不肯降价。夫妻俩没有带那么多钱，只好眼睁睁地看着梦寐以求的东西无法得到。最终，他们只能是失望而归了。

晚上，他们翻来覆去怎么也睡不着。第二天一早起来，他们就又去了那个旧货摊，显微镜依然摆在那个角落里，不过已经被擦拭干净了。老板这次不但不降价，甚至还加到了六万五千块。夫妻俩再一次空手而归。就这样他们几乎天天去那个旧货摊，生怕那个显微镜被别人买走了。来来回回的次数多了，最后连那个摊主都觉得不耐烦了。

为了能够继续搞研究，夫妻俩下定决心，一定要买到这架显微镜。家里没有钱，就四处借债，他们找遍了亲友，而且还变卖了不少家具衣服，终于凑够了那笔钱，把显微镜买回了家。看着买回来的显微镜，想想一大堆的债，夫人叶毓芬有些担忧："我们什么时候才能还清这笔债啊？"童第周坚定地回答："为了能够做研究，就是砸锅卖铁，一辈子受苦也甘心。"

有了显微镜，童第周继续开始了自己的胚胎研究实验，他借助太阳光和电灯、煤油灯等照明设备进行观察，用废弃的瓶瓶罐罐代替玻璃器皿，在简陋的环境中探索着生命的奥秘，最后终于取得了惊人的研究成果。

*** 童第周名言 ***

应该记住，我们的事业，需要的是手，而不是嘴。

世上没有天才，天才是用劳动换来的。

科学上的许多重大突破，都是一点点细微的成绩积累起来的。

一分时间，一分成果。对科学工作者来说，就不是一天八小时，而是寸阴必珍，寸阳必争！

自己并不比别人笨，别人能做到的，我经过努力也一定能做到。

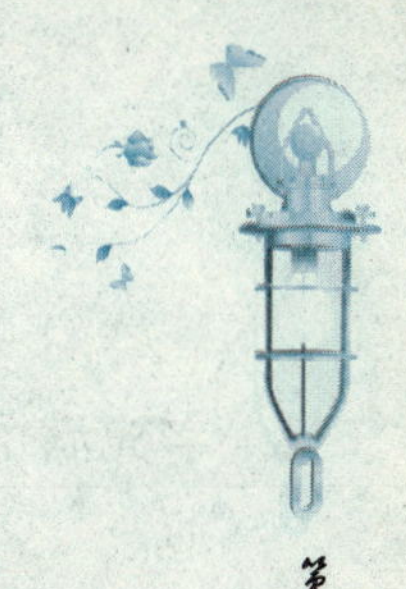

中国气象事业奠基人——竺可桢

*** 名人档案 ***

姓名：竺可桢（1890～1974），字藕舫

家乡：浙江绍兴

主要成就：中国著名的气象学家和地理学家，中国近代气象事业创始人之一。对中国近代气象学和地理学的建立和发展作出了重要贡献。主要著作有《竺可桢文集》和《竺可桢日记》等。

*** 名人故事 ***

水滴石穿的功夫

竺可桢出生于浙江绍兴，他的父亲名叫竺嘉祥，是个憨厚老实的小商人，经营着两家米店。他的母亲顾金娘虽然大字不识，但是性情贤淑，懂得不少为人的道理。据说，顾金娘在生竺可桢的前几天，梦见了一只大熊，解梦的先生根据“梦熊来兆”这句话，给小竺可桢取名为“兆熊”。一直到他上学时，私塾的先生才为他改名为“可桢”。

竺嘉祥非常喜欢这个儿子，希望儿子将来能够成为国家的栋梁之才，因此在竺可桢两岁的时候，他就已经开始教儿子认字了。从他们家到米店需要穿过一条街道，街道的两边林立着一些小店铺。每天父亲忙完店里的生意，就会带着年幼的竺可桢出来散步，他指着小店铺门前的店名、匾额，一个字一个字地教竺可桢念。竺可桢年龄虽小，但却非常聪明好学，同样的一个字，父亲教上三五遍，他就能记住了。渐渐地，小竺可桢对认字充满了兴趣，和父亲上街时，他会主动指着一些不认识的字，让父亲教他。

有一次，父亲因为生意上的事情，要外出两天，因此就告诉小竺可桢说："我这两天出去办事，就不教你认字了，放你几天假，好好玩吧！"没想到竺可桢却不答应了，他拽着父亲的衣袖，非要让父亲把这几天要教的字在今天晚上一起教给他不行。父亲被他缠得没有办法，只好教他认字，那天晚上，他们房里的灯一直到很晚很晚才熄。

竺可桢 4 岁的时候，有一天下起了大雨，不能再出门了。写完父亲教的字以后，竺可桢就搬了个小板凳坐在门前，饶有兴致地数着从屋檐上滴下来的小水滴。正在做家务的母亲看了看竺可桢认真的神情，不由得笑了笑，没有说话。不知道数了多久，竺可桢忽然叫："妈妈，妈妈，你快来看啊！"母亲不知道发生了什么事，赶紧跑过来。竺可桢问："妈妈，为什么石板上会有一个个的小坑呢？"母亲笑了，就问竺可桢："你还记得你爸爸给你讲过的'铁杵磨成针'的故事吗？""记得，记得！"竺可桢连声回答。妈妈摸着他的头说："其实啊，这小水滴就好比是磨铁棒的老婆婆，看似没有什么力气，但是时间长了，就能起到大作用了。"说着妈妈就给竺可桢讲起了水滴石穿的故事：

有一天，石板正懒洋洋地躺在屋檐下，忽然感到有什么东西"啪"的一声落在自己的身上，石板睁眼一看，原来是一颗不起眼的小水滴。石板就傲慢地说："小水滴，你想干什么啊？"小水滴回答说："我要把你滴穿！"石板听了哈哈大笑，说："就凭你还想把我滴穿，真是痴心妄想！"小水滴没有说话，依然一滴一滴地滴下来。石板满不在乎地摇摇头。就这样一年又一年，石板几乎忘记了小水滴的存在，可是有一天，他感觉自己的身上有些疼痛，仔细一看，才发现小水滴真的把自己的身体滴穿了。

妈妈接着说："一个人的力量也许会很薄弱，但是长时间坚持下来，持之以恒，就一定能成功。"竺可桢听了妈妈的话，懂事地点点头，下决心也要做一颗小水滴，坚持努力学习。

竺可桢小学毕业时，被父亲送到上海澄衷学堂读书。由于他既有良好的学习基础，又肯下苦功，因此，他在学校的成绩是数一数二的。同学们在学习上比不过他，就嘲笑他身体瘦弱、单薄。有一天，竺可桢吃完饭回教室时，在教室的走廊里遇见了几位同学，在和他们擦肩而过的时候，竺可桢的左肩被其中一位人高马大的同学撞了一下。竺可桢没有防备，趔趄了一下差点儿摔倒。旁边的同学哈哈大笑："学习好有什么了不起，身体这么差，不一定能活到20岁呢！"竺可桢很生气，真想上去好好教训他们一顿。可是看看自己单薄的身子，他还是忍住了，自己的身体确实不好，也不能怪别人说啊！

怎么才能提高自己的身体素质呢？直到晚上，竺可桢都在思考这个问题，最后他决定通过体育锻炼的方式来增强体质。他想到母亲讲过的水滴石穿的故事，就写了一个条幅"言必信、行必果"来勉励自己。从此以后，每天天不亮，竺可桢就会爬起来去学校的操场上跑步、做操……等到同学们都起床吃早饭的时候，他已经洗去头上的汗水，在教室里读书了。就这样坚持了一段时间，竺可桢的身体果然渐渐好了起来。也是从那时开始，他早起锻炼的习惯坚持了整整一生。

竺可桢名言

近代科学的目标是什么？就是探求真理。科学方法可以随时随地而改换，这科学目标，蕲求真理也就是科学的精神，是永远不改变的。

所谓求是，不仅限于埋头读书或是实验室做实验。求是的路径，中庸说得最好，就是"博学之，审问之，慎思之，明辨之，笃行之"。单是博学审问还不够，必须审思熟虑，自出心裁，独著只眼，来研辨是非得失。

据吾人的理想，科学家应取的态度应该是：（1）不盲从，不附和，一切以理智为依归。如遇横逆之境遇，则不屈不挠，不畏强御，只问是非，不计利害。（2）虚怀若谷，不武断，不蛮横。（3）专心一致，实事求是，不作无病之呻吟，严谨整饬，毫不苟且。

两弹元勋——邓稼先

* 名人档案 *

姓名：邓稼先(1924 ~ 1986)

家乡：安徽怀宁

主要成就：中国杰出的物理学家，组织并领导了中国核武器的研究、设计工作，是中国核武器理论研究工作的奠基者之一，他对于中国原子弹、氢弹原理的突破和试验成功及其武器化作出了重大贡献，被称为“中国原子弹之父”、“两弹元勋”。

* 名人故事 *

父亲的教导

邓稼先出生于安徽省怀宁县的一个书香世家，他的父亲邓以蛰是我国著名的美学家和美术学家，曾经赴美国留学，既通晓中国文化，又深受国外文化的熏陶，可以说是学贯中西的人物。邓稼先出生后，邓以蛰取“禾之秀实，而在野曰稼”的意思，为儿子取名为“稼先”。

由于邓以蛰学成归国后，在清华大学当教授，因此邓稼先一家就从安徽迁居到了北京。聪明伶俐的邓稼先很得父亲的喜爱，不过父亲对他的要求也非常严格。

邓稼先 4 岁那年的冬天，他正站在父亲书房里背诵《论语》，父亲的一位好朋友张奚若教授前来拜访。父亲放下书，将张教授迎进书房中，对邓稼先说:“你先出去玩吧!晚上再接着背。”张教授笑着问:“稼先才多大,你就让他背书,我看看在背什么?”说着就拿起邓稼先刚放在桌子上的书,一看居然是《论语》,就很奇怪地问邓稼先的父亲:“你怎么还让孩子背这些东西?都是老古董了!”邓以蛰笑了笑说:“这都是中国的传统文化,还是有好处的。总不能让孩子们把自己国家的传统文化都扔了吧!”

除了要求邓稼先学习古典文化,邓以蛰也指导他阅读外国名著。邓稼先上小学的时候,他就先后阅读过莫泊桑、陀思妥耶夫斯基、屠格涅夫等外国著名作家的作品。为了能让邓稼先学好英语,父亲还亲自做他的启蒙老师,从26个字母开始,到一个一个简单的单词,由浅入深,为他将来出国留学打下了很好的基础。

邓稼先5岁时,进入武定侯小学读书,后来又转入四存小学,虽然学校不太好,但是邓稼先学习很用功。由于父亲从小就督导他学习,所以对他来说,功课并不是困难的事情。因此他很容易地就考上了初中。初二时,他转到了当时的一所教会学校——崇德中学,崇德中学对英语的要求很高,而邓稼先童年时就开始和父亲学英语,基础很好,因此学起来得心应手。他的英语成绩把其他同学都远远地甩在了后面。

在这段时期,他对数理化也产生了浓厚的兴趣,尤其喜欢数学。开明的父亲知道了他的兴趣,就专门请了师大附中的一位数学老师来给他补课,希望他能在数理方面有较大的发展。邓稼先也仿佛是着了魔一般,每天都演算数学题直到深夜。

在父亲的严格要求和悉心教导下,邓稼先的学习取得了很大的进步,他也逐渐开始认识人生和世界,开始规划起了自己的未来。

中国原子弹之父

1937年,日寇开始大举侵略中国,邓稼先原来平静的读书生活也就此被打断了。他幼小的心灵被强烈的民族耻辱深深地刺痛着。从此,除了读书,他每天要做的事就是和同学聚会,讨论国家的前途和命运。

北平被日本人占领以后,日军不但规定了种种限制中国人的规矩,还下令让所有的中国人见到日本士兵时,都要停下来向他们鞠躬行礼。这种践踏中国人尊严的做法，让少年邓稼先怒火中烧，可是他明白仅凭个人的力量是没办法反抗的。因此每次遇见日本兵的时候，邓稼先都会绕开他们，哪怕为此会多走很多冤枉路也在所不惜。他绝对不容许可恶的侵略者玷污自己的人格和尊严。

如何将日本人驱逐出中国？自己又能为祖国做些什么呢？这是邓稼先经常思考的问题。从平常和同学们的讨论中，他认识到日本这个弹丸小国之所以敢这么嚣张，主要是因为中国经济落后、科学不发达，没有先进的武器，因此这时自己所能做的就是努力学习科学文化知识，将来造出先进的武器，才能让祖国扬威于世界，让别的国家不敢再欺负我们。从那以后，邓稼先就开始更加刻苦地学习，成绩在全校一直都名列前茅。

可后来发生的一件事改变了邓稼先的生活。那时，日本人又占领了我国的一座城市，他们下令要全北平城的市民和学生都出来游行，庆祝他们的胜利。老百姓早在心里恨死了这些日本人，一些爱国学生听到又一座城市被日本人占领的时候，忍不住痛哭失声。如今日本人又来逼迫他们庆祝，这简直就是赤裸裸的羞辱。可是身处这样的境地，每个人都是敢怒不敢言，他们默默地走出了家门。邓稼先这次实在忍不下去了，他满腔的仇恨一下迸发了出来。看着会场上四处飘舞的日本国旗，他上去将其中的一面狠狠地扯下来，撕了个粉碎，而后摔在地上又踩了几脚。尽管当时有很多同学把他挡了起来，没有被日本人发现，但他的举动还是被一个汉奸狗腿子发现了。汉奸带着日本人一直追查到了他的学校。校长得知这件事情后，就一边敷衍日本人的盘问，一边派人去邓稼先家里通知，让他立刻逃出北平。邓稼先的父母无奈之下，只好让邓稼先的大姐邓仲仙带着弟弟逃离北平，到了昆明。

在昆明，邓稼先上了西南联大物理系，后来又考上了赴美留学的研究生，在美国学习期间，他的心中还一直担忧着国内的情况，念念不忘“科学救国”的重任。他扎进新知识的海洋中，努力地撷取自己所需的一切。由于他的勤奋和刻苦，两年后，他就顺利地通过论文答辩，拿到了博士学位。

回国后，新中国政府安排他进了中国科学院近代物理研究所，专门从事研究原子能的工作。1958 年，毛泽东主席和周恩来总理从各个角度出发，认为中国人要想自立自强，必须发展核武器。但是去哪里找研究核武器的人才呢？这时，担任原子能研究所所长的钱三强推荐了邓稼先。由于国内还没有这样的尖端技术，邓稼先心里有些惴惴不安，但是他知道这件事对国家的影响和意义，因此他接受了这个艰巨的任务。为了确保原子弹研制的隐秘性，邓稼先隐姓埋名，不再发表学术论文，作公开报告，也不再出国，甚至和朋友们的交往都刻意地减少了。中苏关系破裂后，苏联撤走了在中国的所有科技人员，邓稼先肩上的担子更重了。他仔细思考研制原子弹的总体方案，每天晚上连做梦都是原子弹。研制核武器必须面对放射性物质对人体的辐射伤害，但邓稼先毫不畏惧，天天频繁出入车间。

就这样经过了一次又一次的实验，在1964年10月16日，我国的第一颗原子弹终于爆炸成功了。当那朵蘑菇云在我国西北上空腾起时，邓稼先的眼泪夺眶而出！

* 邓稼先名言 *

一不为名，二不为利，但工作目标要奔世界先进水平。

未来工作是一项崇高的事业，做好这件事，我这一生就过得很有意义，就是为它死了也值得。

我不爱武器，我爱和平，但为了和平，我们需要武器。假如生命终结后可以再生，那么，我仍选择中国，选择核事业。

蒸汽时代的开创者——瓦特

名人档案

姓名：瓦特(1736～1819)

家乡：苏格兰格拉斯哥

主要成就：英国著名的发明家，工业革命时期的重要人物。他改进了已出现的蒸汽机的原始雏形，发明了单缸单动式和单缸双动式蒸汽机，还发明了气压表、汽动锤，提高了蒸汽机的热效率和运行可靠性，揭开了近代工业革命的序幕。人们将功率的计量单位称为瓦特，以纪念他对社会生产力发展作出的杰出贡献。

名人故事

善于观察的孩子

瓦特出生在苏格兰一个名叫格里诺克的小镇，他的父亲是造船工人，母亲是一位普通的家庭妇女。由于在小瓦特出生之前，他的父母已经夭折了5个孩子，因此，看着身体瘦弱的小瓦特，父母很是担心，就给他取了一个和父亲一样的名字。

母亲无微不至的照顾让瘦弱的瓦特渐渐壮实起来，但是这也形成了他依赖母亲的性格。一直到10岁，瓦特都很少出过家门。别的同龄人都上学了，小瓦特却还跟在母亲的身边，和父母学一些写字、算术、绘画方面的基础知识。他性格内向，不愿意出去找小朋友玩，就一个人整天待在家里玩自己心爱的玩具，拆拆装装的时间长了，他甚至能够自己做出新的玩具来。

有一次，小瓦特父亲的一位朋友来他家里做客，看到独自蹲在地上出神的小瓦特，担忧地对瓦特的父亲说："老兄，你不能这样总让孩子自己待在家里，他应该去上学了。"

瓦特的父亲一脸为难地说："我也知道，可是这孩子生性胆小，不愿意出去，我也没办法。不过他是个聪明的孩子，喜欢自己钻研。你看他又在自己学习呢！"客人听了，悄悄地走到瓦特身后，看到瓦特正手拿铅笔，在地上写写画画地演算几何题呢！

客人问他："瓦特，你在做什么？"

瓦特抬起头来，回答说："我在画图形呢，看，这个是三角形，这个是正方形，它们虽然形状不一样，但面积是相同的。"听了瓦特的话，客人很是惊讶。

瓦特很喜欢看书，他常常请父亲帮他借一些数学、物理方面的书来读。读书累了，他就托着腮，认真地观察周围的事物，思考其中的原理。

有一次，他看书累了，就起身去院子里歇息。正在厨房里忙活的祖母看到他，就喊："瓦特，你快来帮我看着这壶水，我去储藏室拿些菜来。水开了就把它拿下来。"

瓦特答应了一声，就进了厨房。他坐在小凳子上，看着水壶出神。过了一会儿，水开了，壶里面响起咕嘟咕嘟的声音，壶盖也被顶得一跳一跳的。瓦特看得有些吃惊，心想：壶盖为什么会跳起来呢？是哪里来的力量呢？想得出了神，就忘记了祖母交给的任务。过了一会儿，奶奶回来了，她看着瓦特定定的眼神，就知道他又犯了平常的毛病，就自己上去把水壶拿了下来。

"奶奶，"瓦特忽然开口问，"为什么壶盖会跳起来呢？是不是里面有什么东西啊！"

奶奶回答说："壶里面是水，水开了自然就会出现这种情况的。"

瓦特并不满意祖母给的答案，以后，他没事的时候就会蹲在火炉旁看烧水。当壶里的水沸腾时，瓦特就会把壶盖揭开，然后再盖上。他发现，水开的时候会有很多水蒸气，而不开的时候水蒸气少一些，这下他终于明白了，原来是水蒸气把壶盖顶开的。

从小学徒到蒸汽机的改进者

由于瓦特的身体瘦弱，直到 11 岁时才上了学。在学校里，性格孤僻的他和其他同学都没有任何往来，每天放学后，就直接回家，从来不在路上耽搁。回到家后，除了做数学题和阅读其他书籍，瓦特几乎把所有时间都花费在父亲的工厂里。工厂里有很多机器，以及各种各样的船上用具，瓦特喜欢在这些机器中走来走去。有时候，他还会趁父亲不注意，从工具箱里拿出锤子、斧子、凿子等工具玩耍。偶尔被父亲发现后，总会挨上一顿狠狠的训斥。

由于屡禁不止，父亲索性给瓦特做了一个小工具箱，还把一些不用的工具送给他玩。瓦特高兴极了，没事的时候他就照着工厂里的机器做一些小模型。渐渐地，工厂里的各种机器模型他都做了一遍。工人们都夸奖他手巧，将来一定能成为一名工程师。

瓦特毕业后，进工厂做了一名学徒，学习修理、制造机器。由于他天生灵巧，而且喜欢钻研，他在这一行业很快就崭露头角，并受到了格拉斯哥大学的罗伯特·布莱克博士的赏识。当时布莱克博士正在为寻找装配天文学仪器的人手发愁，有人向他推荐了瓦特。瓦特出色的表现给布莱克博士留下了深刻的印象，他对这个年轻人很有好感，就介绍他在学校里做了一名管理教学仪器的工人。在这段时间里，瓦特利用大学里完备的仪器设备，掌握了更加先进的技术。而且他还从一些科学家和教授那里学到了许多科学理论知识，并学会了德文和意大利文。由于对用蒸汽作动力的机械兴趣浓厚，他在平时收集了大量关于这方面的资料。

有一次，学校请瓦特修理一台纽科门蒸汽机。瓦特在修理过程中发现这种蒸汽机有许多缺点，于是他就尝试改进这些缺点。虽然他的设想很好，但是要从理论到实践，再到造出真正实用的蒸汽机，并没有那么容易。辛辛苦苦地造出了一台蒸汽机后，他才发现自己制造的机器效果反而比不上纽科门蒸汽机，不仅性能差，而且还四处漏气，根本就无法开动。

因为制造蒸汽机，瓦特欠下了巨额的债务，布莱克得知了这个情况，

他再次伸手帮助了瓦特——把瓦特介绍给了自己的朋友、当时著名的企业家罗巴克。

罗巴克在苏格兰的卡隆开办了一座规模较大的炼铁厂，瓦特对新技术的研究对他的事业会很有帮助，因此，罗巴克对瓦特的研究给予了很大的热情。他和瓦特签订了合同，决心资助瓦特研制新式的蒸汽机。瓦特花费了整整3年的时间，终于克服了重重困难，在1769年制造出了第一台样机，并获得了发明冷凝器的专利。

但是瓦特新发明的这台蒸汽机和传统的纽科门蒸汽机相比，只是显著地提高了热效率，并没有改变其他性能，因此这种蒸汽机并没有多么广泛的销路。瓦特没有气馁，他决定继续寻找能够改进其性能的方法。但是这时罗巴克的工厂由于经营不善，已经濒临破产，罗巴克再也无法资助他的实验了。

正在瓦特为资金发愁时，罗巴克又把他介绍给了自己的好友、工程师兼企业家博尔顿，博尔顿不仅是个很有能力的企业家，而且他还参加了当地的科学社团“圆月学社”。在博尔顿的帮助下，瓦特开始继续自己的实验，而且，博尔顿还引荐他参加了“圆月学社”。

一次次地实验，一次次地失败，但是瓦特从来没有被困难和挫折吓倒，他及时总结经验教训，然后继续埋头实验。1781年，瓦特终于发明了“太阳和行星齿轮联动装置”，将活塞的直线往复运动改为齿轮的圆周运动，还在轮轴上加装了一个火飞轮。这次的重大革新，终于让瓦特的蒸汽机能够真正适应各种工作的需要，得到了人们的广泛认可。

*** 瓦特名言 ***

除了这台发动机之外，我对任何别的事物都可以一概不加考虑。

不管我感到多么恼火，但却使我振作起来准备对付最坏的情况，而不是束手待毙。

电气时代的奠基人——法拉第

* 名人档案 *

姓名：法拉第（1791 ～ 1867）

家乡：英国萨里郡纽因顿

主要成就：英国著名的物理学家、化学家。在化学、电化学、电磁学等领域都有过杰出贡献。他发现了电磁感应现象，确定了电磁感应的基本定律，为现代电工学奠定了基础。还创制出世界上第一台感应发电机，宣告了电气时代的到来。

* 名人故事 *

苦难中的童年岁月

法拉第出生在一个贫穷的铁匠家庭，他上面有一个哥哥一个姐姐，家里的负担原本就很重，法拉第的出生对于这个贫寒的家庭来说无异于雪上加霜。

法拉第的父亲身体也不怎么好，工作时断时续，一家人的生计很是艰难，有时候只能靠慈善机构的救济过活。全家每周领来的救济粮只有几个面包，分给法拉第的就更少，法拉第几乎一顿就能够把它吃完。母亲狠下心把面包切成 14 份，然后告诉法拉第说："好孩子，这些面包你只能每天早上吃一片，晚上吃一片，不能多吃，否则第二天你就没有吃的了。"看着香喷喷的面包，年幼的法拉第忍不住吞咽着口水，但他很懂事地点点头，

对母亲说："妈妈，你放心吧，我不会多吃的。"

尽管家里生活如此困难，但是父母还是希望法拉第和哥哥能够多学一些知识，将来摆脱贫穷，过上好日子。因此，他们节衣缩食，把法拉第兄弟俩送进镇子里的一所小学读书

兄弟俩面黄肌瘦，衣衫破旧，说话还带着浓浓的口音，这一切常常引起同学们的嘲笑和欺负，就连学校里的一位女老师，也常常羞辱他们。有一次，女老师非常严厉地让法拉第喊他哥哥的名字。法拉第很害怕，好半天才不太清晰地念了出来。女教师得意地笑了笑，然后冲着法拉第发火说："你这个笨蛋，连话都说不清楚，有什么资格来学校读书？"法拉第的眼睛里满是泪水，但他咬着嘴唇，一句话也没有说。

这时，女教师又让法拉第的哥哥去小卖部里买一根手杖，准备教训法拉第。法拉第的哥哥很生气，他接过女老师递过来的硬币，狠狠地扔在她的脚下，然后拉着法拉第回了家。父母听他们讲了事情的原委，就把兄弟俩转到了另外的一所小学。

就在法拉第13岁的时候，他的父亲因为积劳成疾去世了，家里失去了唯一的经济来源，法拉第和哥哥只好一起辍学了。法拉第在里波先生的店铺里找了一份报童的工作。里波先生很喜欢聪明好学的法拉第，他和法拉第约定，如果法拉第能够为他送一年的报纸，就让他跟着自己做学徒。法拉第高兴极了，他很珍惜这份来之不易的工作。每天早上，他都早早地爬起来，抱着厚厚的报纸去送报。这一年，无论刮风下雨，法拉第都努力坚持着，连节假日都没有休息过。看着自己挣来的钱，想着母亲脸上的笑容，法拉第开心极了，所有的劳累都是值得的。

自学成才的科学家

法拉第顺利地结束了一年的送报工作，如愿以偿地成了里波先生店铺里的学徒，开始学习装订书籍。很快他就掌握了这门手艺，装订得又快又好。工作少的时候，他会悄悄地翻开书，看看书里面都说些什么。最初，他不过是随意翻看，但是渐渐地，他深深地迷上了读书，凡是他装订过的每一本书，他都要认真地读一遍。

一天，他找到了一本《化学漫谈》的书，刚看了几页，就被深深地吸引住了，觉得这本书比他前些日子看的《大英百科全书》还要有趣，从这本书里，他了解到了电的用途。看完这本书以后，他决定按照书上说的做一个实验：他找到了一个玻璃棒、一块毛皮和一张纸，然后把纸撕碎洒在桌子上，用玻璃棒在毛皮上摩擦了几下。当他小心翼翼地把玻璃棒伸向桌上的纸屑时，奇迹出现了，玻璃棒竟然把纸屑沾了起来。法拉第兴奋极了，原来这就是电啊！他暗暗地下定决心，一定要买齐实验用的仪器和药品，把书上的实验挨个做一遍。可是他只是一个贫穷的小学徒，连吃饭都成问题，又哪里有钱买这些东西呢？

这时候，法拉第发现在店铺附近的药房里，常常会扔出一些废弃的药瓶。他灵机一动，这些药瓶不是能用来做仪器吗？从此以后，他每天下班后就往药房跑，去捡一些别人不用的药瓶，带回到自己住的小阁楼里。有了“仪器”，他又省吃俭用地买了一些便宜的药品，这样他的小阁楼就成了一个小小的化学实验室。每当下了班以后，他就躲在这里，根据书上的介绍一个接一个地做实验。他对变幻无穷的化学现象越来越感兴趣，渐渐地萌生了研究化学的念头。

在法拉第工作的书店里有一位常客，他就是皇家学会的会员亚当斯先生。亚当斯先生知道法拉第很喜欢化学和物理，就送给他几张皇家学院科学演讲会的门票，主讲人是电化学的创始人之一戴维教授。法拉第高兴极了，他怀着兴奋的心情，认真地聆听了戴维教授的演讲，并精心地作了记录。

听完演讲会，法拉第对科学充满了向往，他希望能够进入皇家学院工作，就写信给当时的学会主席班克斯，但是班克斯拒绝了他。后来，他将戴维教授的演讲记录精心整理了一遍，还配上插图，详细解说了戴维教授的实验，然后，他把这份记录以及一封求职信寄给了戴维教授。

戴维教授收到书信后，被法拉第的身世以及他对科学的热爱深深地打动了。他建议皇家学院的理事录用这个年轻人。法拉第终于在戴维教授的帮助下实现了自己的愿望，进入了皇家学院的实验室，给戴维教授做助手。

从此，法拉第正式开始了他的科学创造生活，而且在皇家学院一待就是50年，在这里，他发现了电磁之间的关系，实现了把磁转变成电的理想，成为一位伟大的科学家。

＊法拉第名言＊

希望你们年轻的一代，也能像蜡烛为人照明那样，有一分热，发一分光，忠诚而脚踏实地地为人类伟大的事业贡献自己的力量。

我不能说我不珍视这些荣誉，并且我承认它很有价值，不过我却从来不曾为追求这些荣誉而工作。

拼命去争取成功，但不要期望一定会成功。

人类飞天梦想的实现者
——莱特兄弟

＊名人档案＊

姓名：威尔伯·莱特（1867 ~ 1912）
奥维尔·莱特（1871 ~ 1948）

家乡：美国印第安纳州，后搬往美国俄亥俄州

主要成就：人类历史上第一架动力飞机的设计师。1903年12月17日，完成了人类历史上第一次重于空气的航天器的动力飞行，即发明了世界上第一架实用的飞机，为现代航空航天事业作出了不朽的贡献。

飞上蓝天的梦想

像鸟儿一样自由地在天空飞翔，自古以来就是人类的梦想。这也是莱特兄弟的梦想，他们追逐梦想，并取得了成功，让人类在航天界迈出了一大步。

莱特兄弟出生在一个牧师家庭。年幼时，这对兄弟俩就已经显出对机械设计、维修的特殊能力。他们善于思考，富于幻想，每当他们闲暇时，兄弟俩要么讨论某一个机械的结构，要么就去看工匠们修理机器。

有一年，一场大雪降在莱特兄弟的家乡，城郊的山冈上到处是白茫茫一片。一群孩子来到堆着厚厚白雪的山坡上，乘着自制的爬犁飞快地向下滑去。当时的小威尔伯和小奥维尔就在旁边静静地站着，用羡慕的眼光看着欢快的爬犁从上而下划过。他们很想拥有自己的爬犁，可是他们做神父的父亲总不在家，于是他们就商量着自己做。

当他们扛着自制的爬犁来到厚厚积雪的山冈上时，大家都嘲笑他们制作的爬犁样子古怪。但他们不以为然，决定和别的孩子比赛。别人都是坐着滑行，而这两兄弟则是趴在爬犁上。“预备，开始！”口令一发，几个爬犁一起从山冈上滑下来。莱特兄弟的爬犁由于体积轻、阻力小，很快冲在最前面，第一个到达终点。

一天，出差回来的父亲给莱特兄弟带来一件礼物：一个会飞的“蝴蝶”。父亲轻轻地给玩具拧了拧发条，小东西便在空中飞舞起来。小兄弟俩高兴得不得了，这件玩具让他们着迷。他们甚至想：如果把它放大了，人坐上去，是不是也能飞起来？于是仿造玩具的样子做了几个更大一些的。这些仿制品有的能够飞越树梢，有的飞了几十米远，但兄弟俩的一个尺寸很大的仿制品却遭到了失败。

这没有让他们难过，从此以后，在他们的幼小心灵里，就萌发了将来一定要制造出一种能飞上高高蓝天的东西。这个愿望一直影响着他们。尽管那时的人们认为，人是没办法飞上天空的。

莱特兄弟常常躺在草地上，看着天上翱翔的老鹰。他们真羡慕老鹰，它们多么自由、惬意呀！如果人类也能长上翅膀，在蓝天中自由地飞翔，那多幸福！

开启飞行时代

1894年，莱特兄弟开了一家自行车铺。由于他们俩工作认真，手艺好，再加上价格公道，店铺的生意兴隆。满怀飞行梦想的莱特兄弟当然不会满足于这些，他们不愿终生与这些自行车零件打交道。奥托·李林塔尔试飞滑翔机成功的消息使他们立志飞行。

莱特兄弟造飞机的想法还得到了斯密森学会的赞赏。副会长写了一封热情洋溢的信件，并寄来了好多参考书籍，使兄弟俩大受鼓舞。他们一边干活挣钱，一边研究飞行的资料。3年后，他们掌握了大量有关航空方面的知识，决定仿制一架滑翔机。

1896年，莱特兄弟在报纸上看到一条消息：李林塔尔因驾驶滑翔机失事身亡。这个消息对他们震动很大，他们把注意力集中在了飞机的平衡操纵上面。他们首先观察老鹰在空中飞行的动作，然后一张又一张地画下来，之后才着手设计滑翔机。

1900年10月，莱特兄弟终于制成了他们的第一架滑翔机，并把它带到吉蒂霍克海边，这里十分偏僻，周围既没有树木也没有民房，而且这里风力很大，非常适宜放飞滑翔机。兄弟俩用了一个星期的时间，把滑翔机装好，先把它系上绳索，像风筝那样放飞，结果成功了。然后由威尔伯坐上去进行试验，虽然飞了起来，但是，试飞的结果不尽如人意，只能勉强升空，飞了1米多高，而且很不稳定。

第二年秋天，他们又来到吉蒂霍克海边，一试验，飞行高度一下子达到了180米。他们并未对这个高度感到满足。他们想能否制造一种不用风力也能飞行的机器？

假如给飞机加装动力并带上足够的燃料，那么它就可以自由地飞翔、起降。于是，兄弟俩又开始了动力飞机的研制。

通过废寝忘食的工作和无数次的试验，他们终于设计出一种性能优良的发动机和高效率的螺旋桨。不久,他们便成功地把各个部件组装成了世界上第一架动力飞机。

1903 年 9 月,莱特兄弟带着装有发动机的飞行器再次来到吉蒂霍克海边试飞。虽然这次试飞失败了,但他们从中吸取了很多经验。过后不久,他们又连续试飞多次,但都没有成功,不是因为螺旋桨的故障,就是发动机出了毛病,或是驾驶技术的问题。

莱特兄弟毫不气馁,仍然坚持试飞。就在这时,一位名叫兰莱的发明家,受美国政府的委托,制造了一架带有汽油发动机的飞机,在试飞中坠入大海。莱特兄弟得知这个消息,便前去调查,并从兰莱的失败中吸取了教训,获得了很多经验,他们对飞机的每一部件作了严格的检查,制定了严格的操作规程。

1903 年 12 月 14 日这天下午,兄弟俩先在地面上安置两根固定在木头上的铁轨,并有一定的斜度,好让飞机方便地滑行。接着,他们把制造的飞机,放在铁轨上面。然后,发动飞机,发动机传出轰鸣的声音,螺旋桨也慢慢地转了起来。飞机在斜坡上刚滑行了 3 米,就挣脱了后面的铁丝,呼啸着升到空中。但是飞机突然减慢速度,很快掉落在地上,整个飞行时间不到 4 分钟。

1903 年 12 月 17 日这一天,天气阴沉,因为正值隆冬季节,强劲的寒风吹到空旷的海滩上,让人瑟瑟发抖。或许是出于不信任的原因,前来观看试飞的人寥寥无几,尽管如此,莱特兄弟依旧决定今日试飞。

兄弟俩进行试飞前的最后的准备工作,他们仔细地检查飞机的每一个部件,直至确认没有任何问题。然后,弟弟奥维尔·莱特率先登上飞机。引擎发动,螺旋桨飞快地旋转起来。奥维尔打开刹车,强大的拉力开始带动飞机滑动。10、20、30……速度计的指针在不停变化,飞机越跑越快。突然,奥维尔感到一股强力使得机头抬起,而后,整个飞机完全脱离了地面。一切都像预料中那样,飞机飞行稳定,操纵性良好。

当燃料用毕,飞机平隐地降落在沙地上, 兴奋的哥哥挥动双臂,欢呼着向弟弟跑去。

莱特兄弟的这架飞机实现了人类渴望已久的梦想,让人类的飞行时代从此拉开了帷幕。

＊莱特兄弟名言＊

只有鹦鹉才喋喋不休，但它永远也飞不高。——威尔伯·莱特

使用飞机去进行杀人的战争，我决不愿意随波逐流。请允许我安静地生活下去吧！——奥维尔·莱特

世上没有天才，天才是用劳动换来的。

——童第周

拼命去争取成功，但不要期望一定会成功。

——［英国］法拉第

第4辑

文学家

从我们识字的那天起，就被有趣的童话故事、曲折的小说情节、抒情的诗词歌赋所打动。从那些华彩辞章里，我们体味到什么叫世态炎凉，认识到什么是美丑善恶，感受到生活的美好、世界的多彩和生命的意义。是它们让我们活得充实、健康和快乐。在被珠玑般文字感动的同时，我们更应该记住书写它们的一位位古今中外的文学大师，让我们走进他们，认识他们，解读他们传奇般的人生和心路历程。

正史鼻祖——司马迁

* 名人档案 *

姓名：司马迁（约前 145 或前 135 ～？），字子长

家乡：夏阳（今陕西韩城南）

主要成就：西汉史学家、文学家和思想家，他的著作《史记》是我国最早的通史，开创了纪传体史书的形式，对后世史学与文学都有深远的影响。

* 名人故事 *

人生起点在少年

司马迁出生在一个史官世家，他的父亲司马谈是汉武帝的太史令。在他 4 岁时，就已经随父亲在司马书院读书了。别看他年纪小，可是聪明伶俐，又肯下苦功，所以小小年纪就才识过人了。

有一次，司马迁的外祖父带着年仅 7 岁的司马迁参加一次文人集会，席间的很多人都听说过司马迁的名气，很喜欢这个孩子。但有一个儒生，他不太相信传闻，认为不过是一个小孩子，怎么可能熟读四书五经呢？因此他就存心想考考司马迁。他把司马迁拉到自己身边，问他："孩子，你今年多大了？"

司马迁脆声回答："7 岁了！"

儒生又说："我听说你能背诵《诗经》中的 160 篇'国风'，不知道是真

是假呀？”

旁边的人也都好奇地围了上来，司马迁毫不胆怯地回答：“当然是真的。”

儒生还是不相信，他说：“你能不能现在就让我们大家听听啊？”

众人都劝说：“司马迁还是个孩子，别考他了！”

但司马迁却很干脆地说：“没关系，我现在就可以背，但是不知道先生是想让我倒着背还是顺着背呢？”

司马迁的这一句话，让在场的人都很吃惊。那个儒生就让他顺着背一遍。

小司马迁站在凳子上高声背了起来：“……七月流火，九月授衣……无衣无褐，何以卒岁……”刚开始背的时候，司马迁还有一些紧张，越背到后来，他就越自然，就和自己在书房里背书一样。众人听着，不觉连连点头，后来都情不自禁地鼓起掌来。人们纷纷赞叹：“真是个奇才啊！”

司马迁10岁时，和父亲一起去了京都长安，由于父亲的严格教导，司马迁读了不少有影响的史书。他读书的时候喜欢做笔记，把自己不懂不会的地方记下来，以便随时请教父亲。在父亲的影响下，司马迁也立下了要做一名史学家的志向。

有一天，父亲把司马迁叫到自己的身边，严肃地问他：“孩子，我听你母亲说你长大了也想做一名史官，但是你知道要怎样才能成为一个合格的史官吗？”

对于这个问题，司马迁很是自信，他回答说：“父亲，作为一个史官，要知识渊博，博古通今，这样才能写出好的史书。”

“还有呢？”父亲严肃地问。

“还有，还有……”司马迁毕竟还是一个孩子，听着父亲的追问，他不禁挠起了脑袋。不过父亲并没有为难他，看他回答不出来，就语重心长地说：“一个好的史官不止是要博古通今，更重要的是为人要正直、诚实，要敢于坚持真理，秉笔直书。”

后来，司马迁为了增长见识，就离开父亲四处去游历，他到过屈原自杀的汨罗江畔，还去曲阜瞻仰过孔子的墓地。祖国的名山大川陶冶了他的性情，名人的故事激励了他的心志，坚定了他的信念。他还在游历的时候阅遍了各地保存下来的古籍，为他之后写《史记》打下了坚实的基础。

忍辱偷生著《史记》

父亲去世后，司马迁子承父业，做了新一任的太史令，他牢记着父亲的话，要做一个正直的史官，要秉笔直书。

当时，贰师将军李广利的妹妹是汉武帝很宠爱的一位妃子，因此李广利也很得汉武帝的信任，非常有权势，他知道司马迁在撰写史书，就希望司马迁能够将他美化一下，让他青史留名。因此就派人送给司马迁一件礼物。司马迁的女儿小心翼翼地打开礼盒后，看到里面竟然是一对晶莹透亮的玉璧。她惊讶地喊了起来："爹爹，你快来看，这可是稀世珍宝啊！"

正在看书的司马迁闻声赶来，他拿起玉璧仔细地看了看，对女儿说："确实是美玉啊！触手温润、毫无瑕疵，真是宝贝啊！"女儿把这对玉璧拿在手里，舍不得放下来。司马迁看着女儿，严肃地说："你爹爹不过是一个小小的太史令，而李广利是有权势的大将军，他为什么会给我们送礼呢？"

女儿想了想，说："那肯定是有求于爹爹！"

"是啊！"司马迁语重心长地说，"送礼求人，必是不可告人的事情。而作为太史令，我的工作就是要真实地记录历史，不能有丝毫的出入。我们的人品就如同这无瑕的玉璧一样，又怎么能被他玷污呢？爹爹曾经发誓，一定要做到秉笔直书，因此这块玉璧我们不能收。"

女儿点了点头说："爹爹说的对，一会儿我就让人把这对玉璧给李将军送回去。"司马迁欣慰地点点头。

公元前 99 年，汉武帝派李广利将军带兵 3 万，去攻打匈奴。当时，李广的孙子李陵在军中担任骑都尉，他带领 5000 步兵和匈奴人作战，被匈奴单于的骑兵包围，在射杀了近万的匈奴人之后，李陵被俘了。而李广利则逃回了长安。他向汉武帝报告了李陵被俘投降的事。汉武帝非常生气，当着众位大臣的面，痛骂李陵贪生怕死。当时很多大臣也都顺着汉武帝的意思，大骂李陵没有气节。

汉武帝看到太史令司马迁没有说话，就让他说说自己的看法。司马迁上前一步说道："皇上，李陵只带了 5000 步兵就能深入敌人腹地，消灭了近万的敌人。尽管最后失败了，但是也算为国家建立了功勋。李陵因为没有救兵，弓箭用尽才失败被俘，是情有可原的，所以我想他之所以被俘后没有自杀，一定还有自己的打算，想要做内应，立功赎罪来报答皇上的。”

听了司马迁的话，汉武帝认为司马迁这是在为李陵辩护，而有意贬低李广利，因此勃然大怒：“你这样替投降敌人的人强辩，就是在存心反对朝廷！来人啊！把司马迁拉下去关进监狱听候发落。”就这样，司马迁被关进了监狱，交给廷尉审问。在狱中，司马迁受尽了严刑拷打和折磨，但是他始终不肯屈服，也不肯认罪。后来，汉武帝听说李陵带着匈奴兵攻打汉朝，一怒之下，就斩杀了李陵的全家，他想起司马迁曾经为李陵辩护，也将司马迁处以宫刑。当时，宫刑是奇耻大辱，司马迁几乎想要自杀了，可是想到多年来搜集的资料，想到自己想要完成史书的愿望，就忍辱偷生，活了下来。

在司马迁50岁的时候，才被释放了出来。从此，他就专心致志地创作自己的《史记》，给后人留下了一部鸿篇巨制。

＊司马迁名言＊

西伯幽而演《周易》；仲尼厄而作《春秋》；屈原放逐，乃赋《离骚》；左丘失明，厥有《国语》；孙子膑脚，《兵法》修列；不韦迁蜀，世传《吕览》；韩非囚秦，《说难》《孤愤》。《诗》三百篇，大抵贤圣发愤之所作也。

人固有一死，或重于泰山，或轻于鸿毛。

好学深思，心知其意。

千人之诺诺，不如一士之谔谔。

究天人之际，通古今之变，成一家之言。

妙笔写红楼——曹雪芹

＊名人档案＊

姓名：曹雪芹（约 1715 ～ 1763 或 1764），名霑，字梦阮，号雪芹

家乡：祖籍辽宁辽阳，后移居辽宁铁岭

主要成就：清代小说家。他历经十年创作的《红楼梦》，内容丰富，思想深刻，艺术精湛，把中国古典小说创作推向最高峰，是中国古典小说中伟大的现实主义作品，在世界文学发展史上也占有十分重要的地位。

＊名人故事＊

“林黛玉”的由来

《红楼梦》中的女主角名叫林黛玉，关于这个名字的由来，还有一个有趣的故事呢。

曹雪芹家里被抄以后，一家人搬到了北京居住，由于过惯了富贵的日子，家里人都不会做工，只能靠着手里面仅有的一点基业生活，如此坐吃山空，不久就穷困潦倒了。只好把在城里的房子卖出去，搬到了北京的西郊。

生活环境的改变让曹雪芹见到了贫苦百姓的生活，他开始反思自己以往的奢侈和浪费，决心把以往纸醉金迷的生活以及抄家后的经历写出来警示后人，家里人也都很支持他的想法，可是此时家里已经很穷了，即便是省吃俭用，有时候仍然买不起写书要用的笔墨纸砚。曹雪芹为此很

是发愁。

这天，他正在房间里全神贯注地写书，写到兴致正高的时候，发现墨已经用完了，怎么办呢？曹雪芹心急火燎，他知道灵感有时候是一闪即逝的，这时候如果不接着写下去，好的构思就会忘掉的。正在这时，他的一位好朋友鄂比先生来拜访他，看见他六神无主的样子，就问他发生了什么事。曹雪芹面带难色地把自己的难题说了出来。鄂比先生很喜欢曹雪芹写的故事，看他如此发愁，就告诉他说："雪芹，我倒是有一个办法，说不定能解你的燃眉之急呢！"曹雪芹一听，高兴极了，就催着鄂比先生快说。鄂比先生说："我听人说，在樱桃沟下面的河滩里，有一种黑色的石头，叫画眉石，据说用手摸它，手就会被染成黑色的，用清水研磨后，能画出黑色的痕迹，以前皇宫里的嫔妃宫女都用这种石头画眉，还有一些年纪大些的人，把这石头磨碎了，用来染头发。我想，我们采集一些这样的石头研碎，是不是能用它来写字呢？"

曹雪芹听了，有点半信半疑，但是此刻也没有别的办法，因此就和鄂比先生一起去了樱桃沟，找了不少这样的石头。他们把这些石头带回家，用水研开了一试，居然真的能够写字，只是颜色有点浅。曹雪芹灵机一动，把以前用剩下的一些碎墨找了出来，混合着这种黑色的石头一起研磨，这下写出的字就很清晰了。曹雪芹高兴极了，他给这种石头起名为"黛石"。以后，每当石头用完以后，曹雪芹就会带着家人去樱桃沟采集，他再也不用为墨价太贵而发愁了。

由于有了黛石，曹雪芹的《红楼梦》写得得心应手，他从心里感激黛石，就在第一次修改稿子的时候，把书中女主人公的名字由"林代玉"改成了"林黛玉"，并且在贾宝玉初见林黛玉的时候，还说了"西方有石名黛，可代画眉之墨"的话。

*** 曹雪芹名言 ***

世事洞明皆学问，人情练达即文章。

万两黄金容易得，知心一个也难求。

正不容邪，邪复妒正。

文化昆仑——钱钟书

名人档案

姓名：钱钟书（1910～1998），字默存，号槐聚，笔名中书君

家乡：江苏无锡

主要成就：中国著名作家、学者。他博学多能，学贯中西，在文学创作和学术研究两方面均获得了卓越成就，被誉为文化昆仑。其主要作品有《围城》、《管锥编》、《谈艺录》、《写在人生边上》、《人、兽、鬼》等。

名人故事

爱文不爱理

1910年11月21日，钱钟书出生在江苏无锡的一个大家族中。他的父亲钱基博是当时的著名学者，不过由于他的伯父没有儿子，所以钱钟书刚出生，就被过继给了伯父，由伯父抚养成人。钱钟书被伯父抱去的那天，正好有一个人送给伯父一本《常州先哲丛书》，见景生情，伯父就给他取名为“仰先”，字“哲良”，意思就是“仰慕先哲”。

那时候，钱钟书的家乡有一个习俗，就是小孩长到一岁的时候，要“抓周”。所谓的抓周，其实就是在孩子满周岁的时候，摆上各种各样的东西让小孩儿抓取，根据小孩儿所抓的东西来判定他的兴趣爱好和将来所要从事的职业。钱钟书周岁的时候，伯父在他面前摆了很多东西，有玩具刀、糖、衣服、书、笔墨纸砚，等等。钱钟书看了一圈，目光就停在了一本书上，他蹒跚着走过去，把书抱到了怀里。家里人都高兴极了，都说钱钟书将来会中状元，伯父索性就正式给他取名为“钱钟书”。

钱钟书的体质不是太好，在刚刚上学的时候生了一场大病。他的伯父非常疼爱他，本来就舍不得让他去上学，看他因为大病身体更加瘦弱，就索性不再让他去上学了。一直到了7岁多的时候，他才和堂弟们一起进了亲戚家开办的私塾。但由于上学要走比较远的路，很不方便，因此，不到一年，钱钟书和堂弟就不去私塾上学，而是留在家里跟着伯父学习了。每天上午，他们一起自由读书，下午才开始上课。

钱钟书非常喜欢读书，尤其是伯父从书摊上给他买来的小说更是令他爱不释手。每天早上伯父带他出去和别人喝茶聊天的时候，钱钟书都会捧着书坐在茶馆的角落里埋头苦读，对于身边嘈杂的声音完全充耳不闻。有时候伯父喝完茶叫他回家，都要喊上好几遍，他才应声。回到家以后，钱钟书还沉浸在看过的小说中，常常会把小说中有意思的故事讲给两个弟弟听。

钱钟书爱读文学方面的书，读过的书里的每一个细节他都能记得清清楚楚。可对于数学却一点儿也不感兴趣，就连最简单的阿拉伯数字，他都要学很久才记住。伯父对此却毫不在意，他鼓励钱钟书看书，说数学学不好也没有关系。但钱钟书的父亲却不这样想，他认为数学也有很大的用处，儿子不能把这门学科完全放弃，然而父亲又不敢违背伯父的意思，于是常常趁伯父不注意的时候，把钱钟书拉去学数学。钱钟书对数学实在不感兴趣，进步自然就很慢。有时候父亲气急了就打他，还不许他哭。晚上回到伯父家的时候，伯父看到钱钟书身上青一块紫一块的伤痕，心疼得直掉眼泪。

钱钟书11岁的时候，伯父去世了。从此，钱钟书的教育就由父亲接管了。钱钟书依然不喜欢数学，偏科偏得厉害。父亲看管教不过来，只好由他。这下，钱钟书可“解放”了。他全身心地扑到了喜爱的书中去了。除了中国的古典小说，他还看了很多翻译过来的外国小说。像狄更斯等人的作品，他看了一遍又一遍，觉得这和中国小说完全不同，是另一个迷人的世界。于是他想如果我能够读更多的英文小说该有多好啊！为了这个愿望，他就开始努力学习英文，也正是因为这个原因，钱钟书的英语成绩在学校里一直是名列前茅。

虽然读了很多的书，但钱钟书的作文水平却不怎么样。有一次，父亲考他的作文，他写的文章半文半白，用的词句也很庸俗，把父亲气得狠狠地打了他一顿。也正是这一顿打激发了钱钟书学习作文的志气，让他渐渐地又迷上了写作，最终步入了文学创作的殿堂，写出了许多脍炙人口的作品。

* 钱钟书名言 *

天下只有两种人。比如一串葡萄到手，一种人挑好的吃，另一种人把最好的留到最后吃。照例第一种人应该乐观，因为他每吃一颗都是吃剩的葡萄里最好的；第二种人应该悲观，因为他每吃一颗都是吃剩的葡萄里最坏的。不过事实却适得其反，缘故是第二种人还有希望，第一种人只有回忆。

据说每个人需要一面镜子，可以常常自照，知道自己是个什么东西。不过，能自知的人根本不用照镜子；不自知的东西，照了镜子也没有用。

天下就没有偶然，那不过是化了妆的、戴了面具的必然。

流言这东西，比流感蔓延的速度更快，比流星所蕴含的能量更巨大，比流氓更具有恶意，比流产更能让人心力憔悴。

德国文豪——歌德

＊名人档案＊

姓名：歌德（1749～1832）

家乡：德国法兰克福

主要成就：德国最重要的诗人、剧作家和思想家。其作品对德国文学以及世界文学的发展都作出了巨大的贡献。其主要作品有剧本《葛兹·冯·伯利欣根》、诗剧《浮士德》和《普罗米修斯》、书信体小说《少年维特之烦恼》等。

＊名人故事＊

下面的情节是什么

歌德是德国著名的诗人和剧作家，他创作题材非常广泛，包括戏剧、小说、诗歌、散文等，其中的《少年维特之烦恼》和《浮士德》更是享誉全球。有人说歌德是个天生的智者，从小就是神童，但是他的才能，实际上有很大一部分都是来源于后天的家庭教育。

歌德出生于德国莱茵河畔的法兰克福，他的父亲是一位法学博士，母亲是市议会议长的女儿。歌德的母亲从小就受到了良好的家庭教育，不仅知书达理，而且还有很强的表达能力。

歌德小时候，父母都非常疼爱他。父亲每天忙完公务，都会带着他去公园里散步、做游戏，给他讲述他们看到或听见的每一种事物。这让歌德小小年纪就对大自然的一切充满了好奇。父亲还经常教歌德唱一些通俗易懂的童谣或者朗朗上口的诗歌，有意识地培养歌德的艺术修养，在游乐中教给他一些知识。

散步回来，吃完晚饭，母亲就带着小歌德回房间去睡觉，歌德睡不着，就缠着母亲讲故事。母亲会讲很多有趣的故事，歌德百听不厌。可是每当讲到故事的高潮时，母亲就会停下来，含笑看着歌德。歌德总是忍不住问："妈妈，接下来呢？坏人有没有受到惩罚？"母亲就笑着说："时间不早了，你该睡觉了，不过你自己可以先想一想接下来的情节是什么，妈妈明天再给你讲，看看你想的对不对？"

歌德没有办法，等母亲把灯熄灭离开后，他就一个人躺在床上，一边回味刚才的故事，一边按照故事的发展脉络自己进行推理，想象故事发展的情节。有时候，一个故事，他能想到好几种可能性。到了第二天晚上，妈妈就让歌德把自己想到的故事情节先说出来，并竭力地鼓励他，夸他想得有趣，讲得生动，然后再把没有讲完的故事继续讲下去。可以说，歌德卓越的想象力和母亲讲故事时对他的训练是密切相关的。

少年歌德与少年维特

歌德17岁的时候，考进了莱比锡大学。他本来想要学习古典文学的，但是在父亲的坚持下，他只好选择了学习法律，以便将来能够走上仕途。

但是学校里的法学课无法吸引歌德的注意，他曾经逃课去听诗人格勒特的课，曾经在法学课堂上私下里写诗。在这样的日子中，歌德结识了陪同朋友游历到此的德国哲学家赫尔德。从赫尔德那里，歌德了解了和德国文化不同的外国文学的风貌。他被赫尔德的描述和讲解深深地吸引住了，他渴望能够接触到那些作品，渴望能够把自己融入其中。他请求赫尔德能允许自己随时去拜访他。赫尔德也很喜欢这个勤奋好学的青年人，就答应了他的请求。

就这样，歌德一有时间就去找赫尔德，而且他觉得自己越来越被赫尔德的学识所吸引，每一次去都恨不能让赫尔德一刻不停地给他讲那些有趣的知识。赫尔德向他介绍了荷马、莎士比亚等人的作品，与他一起探讨诗歌、文学和历史。赫尔德强烈的资产阶级民主主义精神和反封建的思想，极大地影响了歌德，也点燃了歌德的创作激情，为他后来创作《少年维特之烦恼》打下了深厚的思想基础。

在这期间，歌德也结束了他的学习生活，获得了法学博士学位。回到故乡后，他开办了一家律师事务所，并成为当地律师协会的会员，但是歌德并没有把心思放到打理事务所上。他把一切事情都交给父亲管理，自己开始自在地漫游、写作，修订原来在大学期间写的一些诗歌、散文、游记等东西，还把它们编排起来，加上标题，送到出版社出版了。

在一次舞会上，歌德认识了一位活泼美丽的姑娘，她名叫夏绿蒂，歌德被夏绿蒂深深地吸引住了。但是他并不知道，夏绿蒂此时已经和他的朋友克斯特纳有了婚约。他开始热烈地追求起这位姑娘来。每天，他都会邀请夏绿蒂出去游玩，展现自己的才华和活力，陪夏绿蒂玩她爱玩的游戏。歌德是一个很好的玩伴，他体贴细心、诙谐有趣，又有过人的智慧，因此他很快就赢得了夏绿蒂的欢心。

夏绿蒂虽然也喜欢他，但是爱的人却还是自己的未婚夫克斯特纳，因此她能给予歌德的只有友谊。后来，歌德知道了夏绿蒂已经订婚的事情，心里矛盾极了，一个是自己倾心热恋的姑娘，一个是自己的好朋友，他夹杂在友谊和爱情之间苦苦挣扎了很久，最终决定斩断情丝，离开了夏绿蒂。

但是，他一直无法忘怀自己的这段感情，他心里燃烧着火一样的激情，想把这段故事写下来，于是，我们就看到了这部不朽的杰作——《少年维特之烦恼》。

*** 歌德名言 ***

谁要游戏人生，他就一事无成，谁不能主宰自己，永远是一个奴隶。

你若要喜爱你自己的价值，你就得给世界创造价值。

在今天和明天之间，有一段很长的时间；趁你还有精神的时候，学习迅速办事。

最大的幸福在于我们的缺点得到纠正，我们的错误得到补救。

对别人述说自己，这是一种天性；因此，认真对待别人向你述说他自己的事，这是一种教养。

最伟大的戏剧天才
——莎士比亚

名人档案

姓名：莎士比亚(1564～1616)

家乡：英国斯特拉特福镇

主要成就：文艺复兴时期英国伟大的戏剧家、诗人，被称为“英国戏剧之父”，同时也是欧洲人文主义文学的集大成者。其代表作主要有四大悲剧《哈姆雷特》、《奥赛罗》、《李尔王》、《麦克白》；四大喜剧《第十二夜》、《仲夏夜之梦》、《威尼斯商人》、《皆大欢喜》；历史剧《亨利四世》、《理查三世》等。莎士比亚被马克思称为“人类最伟大的戏剧天才”。

名人故事

沉迷戏剧的马车夫

莎士比亚 13 岁的时候，父亲的产业近乎倒闭了。从此一家人的生活没有了依靠，连维持温饱都成了问题，因此，刚读了五六年书的莎士比亚就这样离开了学校，开始在社会上讨起了生活。

每天，莎士比亚都会早早起床，到父亲的小店里打扫地面，整理货架，帮着父亲维持生意。日子过得虽然忙碌艰苦，但他从来没有灰心丧气，反而每天都笑呵呵的，充满了活力和朝气。闲下来的时候，他会陪着来店里的客人说会儿话，听一些老人讲述镇子上发生的奇闻趣事。晚上，关了店门，莎士比亚就会去森林附近散步，他多希望能够遇见故事中的精灵和仙女啊！可是每一次却都让他失望了。不过这没关系，他的头脑里充满了想象，在他的思想中，他已经走进了精灵们开满鲜花的宫殿，他已经在和英雄把酒言欢……虽然生活困顿，但是他依然对未来充满了憧憬。

有一次，伦敦城里最有名气的女王剧团要来镇子里演出，父亲让莎士比亚早点儿关了店门，一起去看戏。这次演出在莎士比亚幼小的心灵中播下了戏剧的种子。他看着舞台上一会儿换成古代的世界，一会儿又变回现代的世界，一会儿出现几个好人，一会儿又有一些坏蛋，莎士比亚越看越兴奋，他随着剧中的人一起欢笑，一起伤心落泪。这是多么有趣的事情啊！莎士比亚的心完全沉浸在了戏剧里。

看过了这次戏剧以后，莎士比亚就常常在空闲的时候，邀请几个小伙伴和自己模仿戏剧中的情节一起来表演。他还有模有样地充当了导演的角色，指导别的小伙伴们该怎么演。时间长了，他就无形中成了大家的领导。不过总演一出戏会让人生厌，所以在没事的时候，莎士比亚就会想着看是否能加入新的情节以及演这个情节的时候演员应该有什么样的动作、表情，然后再把新加入的情节去和伙伴们讨论。戏剧就像是一块磁铁一样吸引了他。莎士比亚暗暗下定决心，将来一定要从事与戏剧相关的职业。

他听别人说，要想从事戏剧行业，做个戏剧家，就必须有丰富的知识。因此，他决定从丰富自己的知识入手。他找所有他认识的人借书，文学、历史、哲学、戏剧，凡是他能借到的书，他都借来读。他就像一个饿极了的人，寻找每一种能填充肚子的食物。就这样过了几年，他已经是个相当博学的人了。

这时候他想：要想进入戏剧行业，就要先走近这个行业。因此，他就尝试着去戏院谋职，但情况并没有他想象的那么好，没有一家戏院肯用他。没办法，他只好在戏院门口做了一名马车夫，每天赶着马车在戏院门口等候看戏的绅士们，送他们回家。等待的时候，他就和戏院的看门人聊天，帮他们买一些饮料、烟卷之类的小东西。就这样一来二去，他和看门人混熟了，看门人就允许他从门缝里观看戏台上的演出。莎士比亚抓住这个机会，细心地琢磨着戏剧的情节以及每个角色。晚上回到住处，他就找来纸笔，把自己的心得体会写出来。

凭借着自己的勤奋努力，莎士比亚很快掌握了很多戏剧知识，也结识了一些当时比较有名的演员，终于有一天在别人的引荐下，他走上了舞台，并开始了自己的戏剧创作。当时，剧院用的剧本大多是牛津、剑桥等大学的才子写的，他们看到莎士比亚的剧作，就嘲笑他是“粗俗的平民”、“暴发户式的乌鸦”。但是莎士比亚并不理会他们的讥讽，一如既往地投入到剧本的创作中。终于，他赢得了包括大学生团体在内的广大观众的拥护和爱戴，成为闻名于世的剧作家。

莎士比亚名言

无瑕的名誉是世间最纯粹的珍珠。

聪明人变成了痴愚，是一条最容易上钩的游鱼；因为他凭恃才高学广，看不见自己的狂妄。

愚人的蠢事算不得稀奇，聪明人的蠢事才叫人笑痛肚皮；因为他用全副的本领，证明他自己愚笨。

对自己不信任，还会信任什么真理。

玫瑰是美的，但更美的是它包含的香味。

在灰暗的日子中，不要让冷酷的命运窃喜；命运既然来凌辱我们，就应该用处之泰然的态度予以报复。

习惯简直有一种改变气质的神奇力量，它可以使魔鬼主宰人类的灵魂，也可以把他们从人们的心里驱逐出去。

语言艺术大师——福楼拜

名人档案

姓名：福楼拜（1821～1880）

家乡：法国鲁昂

主要成就：19世纪中叶法国重要的批判现实主义作家，主要作品有《包法利夫人》、《情感教育》等。米兰·昆德拉曾经评价他说："直到福楼拜出现，小说才赶上了诗歌。"福楼拜的"客观而无动于衷"的创作理论和精雕细刻的艺术风格，在法国文学史上独树一帜。法国另一位著名作家莫泊桑就曾经拜他为师。

名人故事

一天"一个逗号"

福楼拜于1821年出生在法国的鲁昂，父亲是一位才华横溢的外科医生，母亲则是一位败落的贵族的后代。小福楼拜继承了父母的双重性格，气质开朗，但是偶尔又有一些冷漠和忧郁。

16岁的时候，福楼拜喜欢上了写作，并在鲁昂市的一家小报上发表了自己的处女作《自然历史的一课：雇员类》。在这篇文字中，他用滑稽幽默的语言，描述了各种各样的雇员。这之后，福楼拜就开始了他的创作生涯，写了一系列的小说。

1846年，福楼拜的父亲去世了。福楼拜就和母亲以及小外甥女一起生活。生活虽然艰难，但他还是全身心地投入到了文学创作中。

1852年起，福楼拜开始撰写《包法利夫人》。作品的主人公——美丽的艾玛，是一位富裕的农场主的独生女儿，从小就受到了良好的教育。后来，她嫁给了包法利，由于丈夫太过忠厚老实，生活平庸，艾玛不甘寂寞，与别人发生了婚外情，但是后来遭到了抛弃。由于在婚外情中消费巨大，包法利夫人债台高筑，最终服毒自杀。

这部作品可谓是福楼拜呕心沥血的精品，他宁缺毋滥、精益求精，对自己的创作苛刻到了极点。有一天早上，福楼拜的一位朋友来拜访他，福楼拜和朋友应酬了一下，就上楼去继续写作了。一直到中午，福楼拜的身影才在楼梯口出现。朋友问他："你这一上午写了多少字？"福楼拜平静地回答说："一个逗号。"吃过午饭，福楼拜又上楼去工作，到了吃晚饭的时候，朋友又问他："下午你又写了多少字呢？"福楼拜回答说："我想了又想，又把那个逗号去掉了。"

这部著作本来有1800页，但福楼拜经过反复删改，完稿的时候只剩下了不到500页，他对作品中的每一字每一句都反复推敲、修改，有时候为了一个理想的词句，他都夜不能寐。经过他精心锤炼的《包法利夫人》终于成了享誉世界文坛的精品。

福楼拜收徒弟

莫泊桑是法国的著名作家，从小就表现出了过人的聪明才智。他的代表作品《漂亮朋友》、《羊脂球》和《我的叔叔于勒》都是世界文学史上的佳作。他有一位著名的导师，就是福楼拜。

莫泊桑很早就听说过福楼拜的大名，非常仰慕这位著名的作家。由于舅舅和福楼拜是好朋友，因此莫泊桑就请求舅舅带他去拜访福楼拜，想要拜他为师学习写作。

见到福楼拜，舅舅说明来意以后，福楼拜就对莫泊桑说："你先说说你每天的学习情况吧！我看看你都做了些什么？"

莫泊桑认为自己已经很勤奋了，因此就很自信地回答说："我每天上午用两个小时读书写作，再用两个小时学习弹钢琴。吃过午饭，用一个小时去与邻居学习汽车修理，另外的3个小时则练习踢足球，锻炼身体。晚上去烧烤店学习烤鹅，星期天会和家里人一起去乡下参加一些体力劳动。”莫泊桑说完后，得意地反问道，“福楼拜先生，那您每天的时间又是如何安排的呢？”

福楼拜笑了一笑，说：“我的生活没有你那么丰富，每天上午就用4个小时写作，下午再用4个小时写作，晚上，我还会再继续读书写作4个小时。”

莫泊桑听了，疑惑地问：“那其他的事情呢？您每天除了读书写作什么都不做吗？您不会觉得闷吗？”

福楼拜摇了摇头，又接着问他：“你有什么特长呢？譬如，你哪件事情做得特别好呢？”

莫泊桑愣住了，他仔细地想了又想，竟然找不出自己最擅长的事情，他几乎每件事都会做，但都谈不上擅长。于是，他摇摇头，对福楼拜说：“这个我不太清楚，似乎每件事情都会，但都不能算是我的特长。”

他反问福楼拜：“那么，您最擅长的是什么呢？”

福楼拜回答说：“写作。”

就在这一问一答中，莫泊桑明白了一个道理，原来要想擅长一件事情，就必须全身心地去做。这让他更加坚定了要向福楼拜学习的决心。福楼拜也很喜欢这个年轻人，因此就答应收他为学生了。

福楼拜首先教给莫泊桑的，就是学会观察身边的每一种事物，从细微之处抓住事物的特点。

这天他们一起出门散步，街上迎面过来一辆马车。福楼拜就说：“现在我要给你布置一道作业，你就以这辆马车为对象，写7篇内容不同的散文。”莫泊桑被难住了，他皱着眉头问：“先生，不过是一辆马车，怎么能写7篇呢？”福楼拜对他说：“拉车的马，不同的时间，神态和精神都各不相同，而赶车的人也是一样。你想想，马吃饱了拉车和饿着肚子拉车能是一样的吗？而且路面的情况也不同啊……”莫泊桑恍然大悟，终于按照老师的指点将这7篇散文完成了。

从此以后，莫泊桑就跟着福楼拜刻苦练习写作，最终也成了一位世界著名的大作家。在谈到自己的老师时，莫泊桑总是说：“是福楼拜先生教会了我如何观察，而这正是写作最重要的要素，只有通过仔细观察，才能发现别人没有发现和没有写过的东西。”

＊福楼拜名言＊

人的一生中，最光辉的一天并非是功成名就那天，而是从悲叹与绝望中产生对人生的挑战，以勇敢迈向意志那天。

形式和思想就像身体和灵魂；在我看来，这是一个整体，是不可分割的，我不知道没有这一个，另一个会变成什么。

不论一个作家所要描写的东西是什么，只有一个名词可供他使用，用一个动词要使对象生动，一个形容词要使对象的性质鲜明。因此就得用心去寻找，直至找到那一个名词，那一个动词和那一个形容词。

成就是结果，而不是目的。

与其说是为了爱别人而行善，不如说是为了尊敬自己。

俄国文学之父——普希金

名人档案

姓名：普希金(1799 ~ 1837)

家乡：俄国莫斯科

主要成就：俄国伟大的诗人、文学家、小说家，俄国现代文学的创始人，被誉为“俄国文学之父”、“俄国诗歌的太阳”等。其代表作品有《上尉的女儿》、《杜布罗夫斯基》、《叶甫盖尼·奥涅金》等。

名人故事

普希金打架

1799年，普希金出生在俄国莫斯科的一个贵族地主家庭。由于当时的俄国还实行着农奴制，因此刚出生的普希金周围就环绕着一些农奴出身的奶娘，其中有一个奶娘名叫阿里娜·罗季奥诺夫娜，由于她曾照看过普希金的姐姐，会讲民间童话，并有着神奇的歌唱才能，因此，就被派去专门照顾小普希金。

普希金最喜欢听奶娘讲故事。每天晚上，普希金都会早早地吃过晚饭，躺到床上，让奶娘给他讲故事。普希金总是听得津津有味，缠着奶娘讲了一个又一个。

童年时的普希金还有一个玩伴，是他们家里的一个年轻仆人，叫尼基塔。尼基塔非常尽职，他经常带着小普希金出去玩，是他让普希金领略了

莫斯科美丽的风景和雄伟的建筑。而且，尼基塔非常擅长使用形象的语言和丰富的比喻，他曾经告诉普希金说："老爷在别墅里居住，很少到城里来，即使偶尔出来一趟，也像'镰刀上溅出的火星'一样。"普希金很喜欢让尼基塔陪着自己出去玩，在他的心里，尼基塔就好像是他的大哥哥一般，而根本不是一个仆人。

有一天，尼基塔又带着小普希金出去散步，他们走在莫斯科城的街道上，一边走一边谈论着各种各样的建筑，聊得开心极了。正在这时，迎面走来一个穿着非常华丽，长得肥头大耳的小男孩。他一边走一边大声地嚷着。尼基塔讨厌地瞪了他一眼。没想到，那小男孩居然生气了，他不由分说抓住尼基塔狠狠地说："你一个下等的奴仆，居然敢瞪我，看我怎么收拾你？"说着就拿起一根棍子朝尼基塔头上砸了下去。

尼基塔用手捂着头上被打的地方，愣愣地站在那里。那个男孩看着他呆呆的样子，觉得很好玩，哈哈大笑着扬长而去。

一旁的普希金看尼基塔并不还手，心里很生气，他冲着那个男孩儿大声喊道："你这个小坏蛋，快站住，你凭什么打我的朋友？"普希金一边说，一边追上了那个小男孩，揪住他的衣领，狠狠地打了他一耳光。那个男孩哪里受过这种欺负，立刻和普希金扭打了起来。尼基塔反应过来后，赶紧跑过来拉开他们。尼基塔劝普希金说："小主人，你不要生气了，奴仆生下来就是挨打受骂的，比这严重的委屈我都受过，这是我的命，你不要为我出头了，这是没办法的事情啊！"

普希金板着小脸，严肃地说："你说得不对，我看过一本书上说，人不分贵贱，都是上帝的儿子，都是平等的，他没有权利打你。我现在就要为你讨还公道。"说着他不顾尼基塔的劝阻，怒目瞪着那个小男孩儿，挥舞着拳头说："小坏蛋，你赶快向我的朋友道歉，否则，今天我一定要和你决斗到底。"那个男孩儿刚才已经见识了普希金的力气，这会儿普希金又说要决斗，就吓得赶紧过来对尼基塔鞠躬道歉了。

怎样死才光荣

普希金长大以后，进了当时专门为贵族子弟办的高等学校，并在学习

期间受到了当时进步的十二月党人的影响，接受了很多新思想。他发表了不少抨击农奴制度、歌颂自由进步的诗歌。

1820年，普希金又写了几首抨击沙皇的诗歌。不久，这几首诗就传到了俄国的宫廷里。当时的沙皇亚历山大一世气得大发雷霆，他甚至无法顾及自己的形象，就当着很多贵族的面大声咆哮道："普希金真是太过分了，现在整个俄国都是他的那些抨击朝廷、煽动造反的诗，几乎所有的人都在背诵它们，我一定要把普希金流放到西伯利亚去，再也不想见到甚至听到他。"看着沙皇气得铁青的面孔，几个贵族也小心翼翼地随声附和说："陛下确实该好好地惩罚他了，这小子太放肆了，干脆送他去做苦役好了。"

"陛下息怒，"一个宫廷诗人站了出来。他很欣赏普希金的才华和胆量，因此就出来替他求情。"陛下，普希金不过是一个孩子，他还不懂事，一定是受了别人的蛊惑。如果陛下稍稍惩罚他一下，让他吃一些苦头，他一定会知道陛下的神圣，说不定他将来对陛下还有用处的。"

"是啊，陛下，"另一个宫廷诗人也站出来说话了，"对孩子还是不要太过严厉了，应该给他一个改过自新的机会。"

在几位宫廷诗人的劝说下，沙皇终于作出决定，把普希金流放到了南方，没有他的允许，不准回莫斯科和彼得堡。

在流放期间，普希金和十二月党人的来往也很密切，并且还参加了十二月党人的一些秘密会议，接触到了更多自由和革命的思想。他相继写下了《短剑》、《囚徒》、《致大海》、《强盗兄弟》等诗篇，强烈地表达了自己对自由的向往。

后来，普希金因为与当地的总督发生了冲突，被幽禁了起来。在幽禁期间，普希金开始广泛深入地接触劳动人民，和他们交往、聊天，收集当地的民歌、谚语，并开始研究俄国的历史。

1825年，沙皇残酷地镇压了十二月党人的起义，杀死了起义的领袖，并将其他的参与者流放到了西伯利亚，这其中，有很多人都是普希金的朋友。普希金痛心极了，可是由于自己还被幽禁，所以什么也不能做，只能把自己的满腔悲愤寄托在一支笔上。

1826年，新沙皇尼古拉一世上台了，他将普希金召回了莫斯科，企图

改变他的思想，让他的作品为自己服务。为了试探普希金，尼古拉一世问道："普希金，在十二月党人造反的时候，如果你在彼得堡，你会怎么做？"

普希金不屑地看了尼古拉一世一眼，坚定地回答说："我一定会站在起义者的队伍之中，和他们一起为自由和平等而战。"

尼古拉一世变了一下脸色，问："难道你想和他们一起被绞死吗？"

普希金回答："能和他们一起死是我的光荣。"

尼古拉一世的脸色难看极了，但是他又不能因为普希金写过几首讽刺诗就杀掉他，因此就装作很温和地对他说："普希金，我很喜欢你的诗，也欣赏你的才华，所以才把你召回莫斯科。以后你写了诗，先送给我看怎么样？"

普希金明白沙皇的意图，就毫不犹豫地答应了。不久他就写了一些政治讽刺诗谴责沙皇，并把这些诗交给了尼古拉一世看，当时把沙皇的脸都给气青了。

后来，尼古拉一世看到普希金不能为自己所用，就想了一个阴谋，让普希金和别人决斗。结果，普希金被打成重伤，两天后就去世了。虽然普希金人不在了，但是他的诗、他追求自由的精神却仍然激励着俄国人和沙皇的残暴统治作斗争。

* 普希金名言 *

读书和学习是在别人思想和知识的帮助下，建立起自己的思想和知识。

假如生活欺骗了你，不要忧郁，也不要愤慨！不顺心时暂且克制自己，相信吧，快乐的日子就会到来。

希望是厄运的忠实的姐妹。

阅读，是最好的学问。

人的影响短暂而微弱，书的影响则广泛而深远。

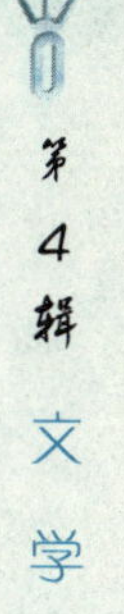

法兰西的莎士比亚——雨果

＊名人档案＊

姓名：雨果（1802 ～ 1885）

家乡：法国贝桑松

主要成就：法国作家，浪漫主义文学的代表人物，被人们称为“法兰西的莎士比亚”。其代表作有《巴黎圣母院》、《悲惨世界》、《海上劳工》、《笑面人》、《九三年》等。

＊名人故事＊

母亲的教诲

1802年，雨果出生在法国贝桑松城。雨果的童年生活在一个动荡的年代，在他出生之前，法国经历了大革命，推翻了波旁王朝，随之而来的是第一共和国的成立，之后是拿破仑统治时期。在雨果出生之后两年，拿破仑称帝，而雨果十几岁时，又亲眼目睹了波旁王朝的复辟。雨果的父亲是共和国军队的军官，将拿破仑视为英雄，是无神论者，共和派；而他的母亲，则是一名虔诚的天主教徒，保皇派。雨果的母亲跟随丈夫到过意大利与西班牙，但是后来厌倦了军旅生涯，或许也因为宗教与政见上的分歧，她与丈夫分居，搬到巴黎，从此由她来抚养与教育雨果。因此，雨果在成长的过程中，深受母亲的教诲与影响。

在雨果的家庭中，祖辈几代人没有一个从事文学创作的。雨果从小爱好文学，在母亲的引导、培育和鼓励下，终于依靠自己的聪慧和勤奋叩开了文学大门。

母亲对他在思想品德上管教是很严格的。有一次，雨果看到别的同学穿着时髦的服装，不禁动了心。但是，一向在精神需要方面对孩子有求必应的母亲，很不以为然地提醒雨果："一个人的价值在于他的才学，而不在他的衣饰。"

在雨果小时候，母亲每天只给他两个苏（法国货币，一法郎的二十分之一）。雨果从不乱花钱，渐渐养成了节俭的好习惯。他用的笔记本，都是自己买纸用线订成的，他就在这样的本子上练习写诗。他是以诗歌来表达对母亲的敬意。母亲因为不能把孩子留在自己的身边，便常去学校看望他。无论在学习中还是在其他方面取得好成绩后，他都只想到："这可以引起母亲的高兴。"

雨果爱写诗，但学校老师不允许，每天给他很多作业题。母亲觉得孩子写诗没有错，她鼓励儿子抛开那些无价值的习题，去从事心爱的诗歌创作。

17岁那年，母亲鼓励他积极参加诗歌创作奖比赛，觉得这是让孩子锻炼的好机会。可是，母亲突然生病，雨果日夜守护在母亲身边，耽误了写作。母亲从昏迷中醒来，第一句话就关切地问："诗集寄出没有？"

雨果说："因为照顾母亲，我没有写。"

母亲因为自己影响了儿子的事业而感到非常不安和痛心。雨果知道母亲难过，等她睡着以后，便在床边写起诗来。清晨，母亲睁开眼，看见床头上的诗稿，心满意足地笑了。

雨果在一夜之间写出的诗，在那次比赛中竟然夺得第一名。

在母亲的教育下，雨果的诗才发展得很快。朋友们都说正是雨果母亲的培养才造就了这个天才的儿子。

雨果与巴黎圣母院的缘分

巴黎圣母院位于法国巴黎市中心塞纳河中的西岱岛上，是世界驰名的天主教堂，也是巴黎最负盛名的古代胜迹之一。但对于我们大家来说，许多人知道巴黎圣母院，都是因为读了雨果的小说或是看过改编的同名电影。说起来，雨果与巴黎圣母院之间有着一种令人难以置信的天然的缘分。

雨果在少年时期，有一次曾经偶然经过巴黎圣母院门前的广场。当时正是烈日炎炎的夏季，时近中午，雨果忽然发现一群人吵吵嚷嚷地围在那里，好像发生了什么事情，人们在那里看热闹。好奇的雨果挤进去一看，只见一个衣衫褴褛的姑娘被绑在粗大的木桩上，脖子上挂着油黑发亮的铁圈，头上顶着一个告示，脚边搁着一盆烧得通红的炭，炭火里插着一把木柄烙铁。经过打听，雨果才知道，原来这个姑娘据说是犯了所谓"仆役盗窃罪"。就在这时，巴黎圣母院里的钟声敲响了12下，12点了，姑娘受难的时刻到了。一个刽子手钳起一根烧红的烙铁，向她裸露的肩背按了下去。被绑的姑娘发出了撕心裂肺的惨叫，雨果紧紧地闭上了眼睛……

这悲惨的一幕永远留在了雨果的记忆中。在雨果的作品中，似乎到处都可以看到那个"受苦受难"的姑娘的影子，为这样受苦受难的人呼喊，也成了雨果作品的主旋律。直到40多年后，雨果在给友人的信中，还心有余悸地说："在我的耳朵里，仍然响着那被折磨的女子的惨痛的呼喊——在我心灵上永远不能磨灭的呼喊。"

关于巴黎圣母院，雨果还有一个发现。在一次造访巴黎圣母院时，他偶然发现圣母院两座塔楼之一的一个暗角上，有人在墙上刻了两个大写的希腊字母——"命运"。这两个字顿时使雨果产生了极大的兴趣，并引起了他深沉的思考：是谁会在这样的地方刻下这两个字，这两个字里究竟蕴含了怎样的悲哀和不幸？

由以上两件事的启发，雨果以自己一贯坚持的人道主义的立场，把巴黎圣母院作为故事背景，展开了大胆的想象，终于为世人塑造出美丽热情而且心地善良纯洁的吉卜赛少女埃丝梅拉达，面容丑陋但心灵高洁、敢跟邪恶与阴谋作斗争的圣母院敲钟人卡西莫多，以及看似道貌岸然、一表人才实际上却蛇蝎心肠、卑鄙无耻的副主教克洛德等栩栩如生的人物形象。通过这些独具魅力的艺术形象，雨果揭露了宗教的虚伪，歌颂了下层劳动人民的善良、友爱、舍己为人，反映了雨果的人道主义思想，并在其中寄寓了自己对理想与正义的不懈追求，从而使《巴黎圣母院》成为道义与良知的象征，成为纯洁与善良的所在，成为信仰与追求的寄托，成为对"恶"的鞭挞和对“美”的讴歌的形象化的见证。

* 雨果名言 *

道德是真理之花。

学会读书，便是点燃火炬；每个字的每个音节都发射火星。

被人揭下面具是一种失败，自己揭下面具却是一种胜利。

人类的心灵需要理想甚于需要物质。

敢于冲撞命运才是天才。

谁虚度年华，青春就会褪色，生命就会抛弃他们。

在泥土下面，黑暗的地方，才能发现金刚钻；在深入缜密的思维中，才能发现真理。

东方诗哲——泰戈尔

名人档案

姓名：泰戈尔（1861～1941）

家乡：印度西孟加拉邦加尔各答

主要成就：印度近现代文学史上成就最大、影响最深远的一位大师，他是一位杰出的诗人，一位著名的作家。其代表作品有诗集《暮歌》、《晨歌》、《吉檀迦利》、《新月集》、《园丁集》、《飞鸟集》等，剧本《摩吉多塔拉》、《邮局》、《红夹竹桃》等，长篇小说《小沙子》、《沉船》、《戈拉》等。1913年，泰戈尔荣获诺贝尔文学奖，是第一位获得诺贝尔文学奖的东方文学家，被称为“东方诗哲”。

名人故事

充满好奇心和想象力的孩子

1861年，泰戈尔出生在印度加尔各答市一个大家庭里，他是最小的儿子，家里人都亲昵地叫他“罗宾”。由于泰戈尔的母亲去世很早，父亲又经常在外边旅行，因此他童年的保护者是几个男仆。在仆人的照顾下，泰戈尔童年的生活并不自由。

泰戈尔家的仆人中有一个叫夏玛的人，他黝黑圆胖，长着鬈发。夏玛总是把小泰戈尔放在一个地方，然后用粉笔在外面画一个圆圈，正正经经地竖起指头警告他一越过这个圆圈就有灾祸。小泰戈尔对于这灾祸的可能性不敢怀疑，总是很害怕。所幸的是，这个地方靠近窗台，泰戈尔走近窗前，从那儿可以眺望外面的世界：窗前是一个广场，那里有供人们斋戒和沐浴的水池，水池的一边是郁郁葱葱的椰树林，另一边是一棵枝叶繁茂的高大的榕树。

在生活中，小泰戈尔充满了好奇心和想象力。他常常凝望着水池边沉静的榕树，默默地欣赏着榕树下地面上的阳光与树影变幻无穷的嬉戏。他就这样一连好几个小时目不转睛地遥望着远处的花园、池塘、来来往往的人群。在这个还很稚嫩的头脑中，有着丰富的想象力，纵使被圈在那个粉笔圈里，也困不住这未来的天才诗人的想象的翅膀在天空中翱翔，也窒息不了那充满活力的好奇心神游四方。

从那时起，这颗幼小的心中就孕育着一种天才的观察力和敏锐多思的气质。如果说小泰戈尔能够默默地忍受着那近乎残忍的管制，那也不全是因为他生性温和驯良，而在某种程度上说，主要是他在任何时候都对周围的一切怀有无限的兴趣，能够从一些极为细小的事物中找到自己的乐趣。

泰戈尔后来说过："今天，当我回顾童年的那些日子，我一次次地想起：我总觉得生活和世界充满着一种神秘。我感到，每一个地方都隐藏着这种神秘。每天，我的心里产生的最大的问题就是什么时候能够揭开这些秘密。我仿佛感到，大自然捏紧自己的拳头，微笑地问道：'请猜猜，这里面有什么东西？'那些日子，我感到没有什么事是办不到的。"

泰戈尔的第一首诗

泰戈尔的父亲是位有名望的哲学家和社会活动家，对文学也很有兴趣。在哥哥、姐姐中，有几个是很有才华的诗人、剧作家、小说家。泰戈尔在五六岁的时候，就已经在家庭教师的指导下，学习梵语经典和文学艺术。这时候的泰戈尔，已经表现出诗人的天才了。

在儿童时代中，一件小事给泰戈尔带来过极大的快乐。他 8 岁那年，写下了自己的第一首诗。事情是这样的：有一天，比他大 8 岁的堂兄乔迪要和他写诗玩。乔迪的说法是，世界上没有比写诗更容易的事了，只要把一个个的字填入14个音节的模式里，一首诗就成了。于是，泰戈尔如法炮制，果然，他的第一首诗就诞生了。

在经历过这次偶然的“游戏”之后，泰戈尔感到生活中打开了一扇快乐之门——写诗。他找到一个蓝色的笔记本，在上面写满了自己的诗句，拿着自己的诗不断地找人请教。他后来在自己的回忆录中回忆那时候的自己时写道：“像一只小鹿以新生的嫩角到处乱磨，我也以萌芽的诗歌到处去麻烦人。又加上比我大一点的哥哥很以我的吟诗为骄傲，便在家里到处找人叫我吟诗。”刚刚8岁的泰戈尔很快被人们视为一个小诗人。在家中，他常常朗诵自己的诗作，家里人都为出了一个年仅8岁的小诗人感到骄傲。

小泰戈尔热爱生活，热衷于幻想，对大自然和人类社会充满了挚爱之情和好奇之心，这些都被他融入了自己的写作之中。

后来，泰戈尔在追忆人生中的第一首诗时写道：“立刻一朵十四音诗句的莲花就开放了，而且有蜜蜂飞了上来。诗人与我之间的距离开始消失了，从那时起就一直消失下去。”正是这种多思善感、热爱周围的一切的美好心灵，加上家庭的浸染和鼓励，才孕育出如此细腻敏锐的诗才，造就了一位影响深远的大师。

* 泰戈尔名言 *

如果你因失去太阳而流泪，那么你也将失去群星了。

天空中没有翅膀的痕迹，但我已飞过。

当你把所有的错误都关在门外，真理也就被拒绝了。

错误经不起失败，但是真理却不怕失败。

离我们最近的地方，路程却最遥远。我们最谦卑时，才最接近伟大。

爱就是充实了的生命，正如盛满了酒的酒杯。

月儿把她的光明遍照在天上，却留着她的黑斑给她自己。

在今天和明天之间，有一段很长的时间；趁你还有精神的时候，学习迅速办事。

——［德国］歌德

学会读书，便是点燃火炬；每个字的每个音节都发射火星。

——［法国］雨果

第5辑

艺术家

艺术家的使命便是发现美、认识美、表现美和创造美。所以，有了王羲之，才让我们欣赏到了铁画银钩中的隽美；有了关汉卿，才让我们欣赏到了戏剧艺术的瑰丽；有了凡·高，才让我们感受到绘画的魅力……有了他们，世界才变得这样美好、如此多彩。抛开他们的作品和成就，让我们透过生动有趣的故事、轶闻，探究他们的人生轨迹，分享他们的辛酸苦辣，感受他们对艺术的执著追求和可贵的创新精神。

中国书圣——王羲之

名人档案

姓名：王羲之（321～379或303～361，又或307～365），字逸少

家乡：琅邪临沂（今属山东）

主要成就：东晋著名书法家，其书法真、行、草、隶诸体皆精，尤其擅长真书、行书，被后人尊称为“书圣”。其代表作《兰亭集序》，为历代书法家所敬仰，被誉为“天下第一行书”。

名人故事

王羲之吃墨

东晋著名书法家王羲之从小就酷爱书法，小时候练字十分刻苦努力。据说，他因为练字而用坏的毛笔能垒成一座小山，被人们称作“笔山”；他用自己家附近的小水池洗毛笔和砚台，结果小水池都变成了黑色，被人们称作“墨池”。

有一天，王羲之像往常一样在书房练字。从早到晚，他没吃一粒米，没有喝一口水，一直在聚精会神地练习。丫鬟见王羲之一整天都没有吃饭，于是送来了他最爱吃的蒜泥和馍馍。可他依然低头练字，顾不得吃上一口。丫鬟催了又催，馍馍凉了又热，可是他完全沉浸在了书法的世界里，根本听不见丫鬟叫他吃饭。丫鬟没有办法，只好去找夫人。

此时，天已经暗了下来。坐在书房里的王羲之，终于感觉到了一点儿饿意。于是他随手抓起放在桌旁的一块馍馍，沾了点蒜泥，又练起字来。就这样，他一手拿着馍馍，一手握笔在纸上继续练习。

当夫人听说王羲之为了练字一整天都没有吃饭，就赶快来到王羲之的书房看他。这一看，不禁大吃一惊，只见埋头练字的王羲之，正将馍馍在墨汁里沾了沾，然后送到嘴里，而他的嘴角早已被墨汁染成了黑色。原来，专心致志的王羲之边吃饭边练字，错把墨汁当成蒜泥沾着馍馍吃了。

夫人见状哈哈大笑，并心疼地对王羲之说："再努力，也要保护好身体啊！你的字进步很大，已经写得很好了，不要再这么辛苦了。"王羲之擦擦沾满墨汁的嘴角，说："我的字，虽然有进步，可是还不够漂亮，而且，我练习的这些，都是临摹别人的书法。将来，我要练成自己的字体，自成一派。所以，我现在必须要下苦功夫，要努力练习，才能达到我自己的要求。"

就这样，痴迷书法的王羲之，废寝忘食地临摹、摸索，终于，他写出了一种被人们称作像彩云那样轻松自如、像飞龙那样雄健有力的新字体。王羲之也被世人尊称为"书圣"。

白鹅换书法

很多文学家和艺术家都有各自的爱好，如刘禹锡钟爱莲花，陶渊明喜爱菊花，而王羲之则对鹅这种家禽情有独钟。只要听说哪里有好鹅，他都要亲自去看看，或是买回来欣赏。王羲之认为，养鹅不仅可以陶冶情操，而且用心观察鹅的体态姿势，还能领悟到书法执笔、运笔的道理。因为爱鹅成癖，在他的故乡还流传着一些关于王羲之和鹅之间的故事。

一次，王羲之听说鸡笼山下一个叫彭家湾的村子里，有位老太太养了一只美丽的大白鹅。这只鹅羽毛整洁美丽，体态雍容华贵，叫声悦耳动听，十分招人喜欢。于是，他便叫仆人去老太太家，把白鹅买回来。结果，仆人去了一次，却空手而归。原来，老太太家虽然十分贫困，但年迈的老太太身边没有一个亲人，她把那只白鹅当成了生活中的伴儿，就像现在许多人养宠物一样，所以根本就不舍得把它卖掉。

王羲之听了后，十分同情这位老太太，决定不买这只鹅了。但他的确太喜欢鹅了，于是决定登门拜访，帮助帮助这个可怜的老太太。

老太太得知大名鼎鼎的书法家王羲之要到她家里来做客，心里高兴极了。可是看着空荡荡的橱柜，该拿什么来招待这位贵客呢？正当老太太着急的时候，只听“嘎嘎”两声，那只大白鹅摇摇摆摆地走进了屋。“对，就用它了。”为了招待王羲之，老人决定杀掉心爱的白鹅，用它做一道美味的菜肴。

过了一会儿，王羲之来到这座简陋的房子里。一进屋，就闻到一股扑鼻的香味。当他得知这位热情好客的老太太，为了迎接他的到来而杀掉了那只她心爱的白鹅时，王羲之的眼睛湿润了。王羲之随手拿起笔来，为老太太提了几个大字，并说：“老人家，我用我的字来感谢您对我的厚恩。用它换点钱，来贴补生计吧。”

还有一个故事，有一天，王羲之和儿子王献之到绍兴游玩。正当两人泛舟徜徉在湖光山色中时，忽然看见岸边有一群白鹅在水中悠闲地浮游着。只见它们白白的羽毛、高高的红顶、细长的脖子，在水的映照下，姿态优雅高贵。这让对鹅痴迷的王羲之不由得惊叹起来。他越看越喜欢，简直舍不得离开。于是，他派人去打听这群鹅的主人，并决心要把它们买回家。

在得知这群鹅是山中一个道士所养后，王羲之决定和道士商量，希望道士能把这群鹅卖给他。道士笑着对王羲之说：“大人既然如此喜欢，我就把这群鹅送给你好了。不过，我倒有一事相求，请为我抄写一卷道家养生修炼的《黄庭经》吧！”

王羲之太喜欢这群白鹅了，于是欣然答应了道士提出的条件，毫不犹豫地为道士抄写了一卷经。后来，王羲之抄写的这卷《黄庭经》，成为中国书法艺术史上的瑰宝之一，流传后世。

原来，这名道士也是一位书法爱好者，早就仰慕王羲之，并十分喜爱王羲之的书法，一直想求得一点王羲之的墨宝，可一直没有机会。他听说王羲之喜欢鹅，便特意养了一群姿态优雅的白鹅，专等游览绍兴的王氏父子，以鹅求书。

*** 王羲之名言 ***

往事岂复可追，顾思弘将来。

天朗气清，惠风和畅，仰观宇宙之大，俯察品类之盛，所以游目骋怀，足以极视听之娱。

中国曲圣——关汉卿

名人档案

姓名：关汉卿（约生于金末，卒于元），号已斋叟

家乡：大都（今北京）

主要成就：元代著名杂剧作家，中国古代戏曲创作的代表人物。他与马致远、郑光祖、白朴并称为“元曲四大家”。一生共编有杂剧67部，现存18部。代表作有《窦娥冤》、《救风尘》、《望江亭》、《拜月亭》、《鲁斋郎》、《单刀会》、《调风月》等，关汉卿被后世尊称为“曲圣”。

名人故事

宁折不弯的气节

是什么样的力量，让《窦娥冤》这样一个平民寡妇的冤案，流传了700多年而经久不衰？是谁让这个故事，被翻译成英文、法文、德文、日文等多国家语言，在世界各地广泛传播？是关汉卿，一位被称作“曲圣”的文人，他用戏曲的形式，呐喊出那个时代人民的苦难。作为元曲作家的杰出代表，关汉卿将中国古代戏剧推向了成熟，推向了顶峰，他在中国文坛上的贡献和地位，深受后人敬仰。

元朝时候，在大都的街道上，一个蒙受不白之冤的年轻女子正被官兵押往刑场。在一旁围观的群众，纷纷感叹着女子的悲惨命运。这一幕，令正在临街酒馆里的关汉卿深受震撼，他对女子的同情和对官府的愤恨油然而生。正义感十足的关汉卿立即拿起笔，决定将这女子的悲剧写成杂剧，为百姓申冤。

当时，元大都有个杂剧名角叫朱帘秀。她本是良家女子，却在元人的欺压下，家破人亡，无奈沦落为一名歌伎。她不但演技高超，而且为人正直，豪爽侠义。听说关汉卿要写这样一部抨击时弊、为百姓申冤的剧本，立刻表示要参加演出。其他演员听到这个消息后，也都纷纷表示会鼎力支持并参演。这给了关汉卿极大的信心。经过几日几夜的伏案疾书，他终于完成了这部旷世奇作《窦娥冤》。

戏曲界的朋友听说关汉卿写了这样一部冒犯政府、替百姓申冤的剧作，拍案称快，并为其大无畏的精神深深感动。可是这其中，也有几个胆小怕事之人，劝关汉卿放弃创作，去巴结皇帝宠臣阿合马，以便享尽荣华富贵。可关汉卿对他们的“忠告”置之不理。

剧本写好后，便进入了紧张的排练中。剧场的老板一听说要演出这样一部揭露政府的戏，纷纷拒绝租场地给他们。后来，关汉卿的老友王和卿出面周旋，才帮关汉卿租到了演出场地。在众人的帮助下，在所有人的努力下，《窦娥冤》终于在玉仙楼隆重上演。全场观众被剧情深深震动，演出十分成功。

《窦娥冤》的成功上演使朝廷的官僚们又恨又怕。皇帝的宠臣阿合马听说后，责令关汉卿立即修改剧本。可是关汉卿并未屈服，发誓绝不更改。《窦娥冤》的连续演出，使其社会影响越来越大。气急败坏的阿合马将关汉卿及参演人员一齐关进监牢，并施以酷刑。面对强权的镇压，关汉卿宁死不屈。他鼓励难友们“玉可碎而不可改其白，竹可焚而不可毁其节”，并怒斥那些压迫人民的官员们：“我关汉卿是有名的蒸不烂、煮不熟、捶不匾、炒不爆、响当当一粒铜豌豆。”

在狱中，关汉卿坚强不屈；在狱外，百姓们也为他申冤呐喊，要求释放关汉卿。当时，元朝统治集团内部矛盾四起，关汉卿因此幸免于一死。

关汉卿，他用毕生的精力投入到剧本的创作中，开创了戏曲艺术的优秀传统。他正视现实、揭示矛盾的现实主义创作态度，和他追求理想的浪漫主义精神，还有那桀骜不驯、洒脱不羁的性格，形成关汉卿特有的文风文采，令他的作品历经百年非但没有陨落，反而更加耀眼。

关汉卿名言

得放手时须放手，可饶人处且饶人。

花有重开日，人无再少年。

着意栽花花不发，无意插柳柳成阴。

中国建筑历史的宗师——梁思成

名人档案

姓名：梁思成（1901 ~ 1972）

家乡：广东新会

主要成就：中国近代著名的建筑教育家、古建筑文物保护与研究和建筑史学家。毕生从事中国古代建筑的研究和建筑教育事业，系统地调查、整理、研究了中国古代建筑的历史和理论，是这一学科的开拓者和奠基者。

名人故事

为新中国创造新建筑

在梁思成的一生中，一直怀揣着一个心愿，就是要在中国创造出新的建筑。

在他青年时期曾经到过欧美的许多国家，参观过各国古代和近代的城市和建筑。他清楚地看到一个国家和民族都有它自己的传统文化，一个国家和地区的建筑也多具有自己的传统风格。那中国新的建筑应该是什么样子？将会朝着什么方向发展？这个问题长久地在他脑海中思考着。

早在20世纪30年代，梁思成总结了近代国外建筑的发展和近百年中国建筑的状况，提出既反对全盘西化，将洋式建筑照搬进来；也反对那种完全仿古的做法，认为这决不是中国新建筑的方向。他向往着一种既能用新技术、新材料，又具有民族传统的新的建筑形式出现。

20世纪40年代中期，第二次世界大战即将结束，各国都在准备着战后的和平建设，讨论着新城市的理想规划，探索着新住宅的多种形式，梁思成也心系祖国在抗战胜利后的建设。在四川的小村子里，他贪婪地读着国外新出版的书刊，研究城市规划、住宅建筑新的理论。他著书写文，探讨中国新时期的建筑设想；但是，在旧中国，他的这种向往和主张是不可能实现的。

中华人民共和国成立后，梁思成向往已久的新建设终于在中国大地上开始了。人民政府给予梁思成极大的信任。梁思成开始为新中国首都的建设日夜操劳。他四处写信，邀集国内建筑专家来北京筹建国家建筑设计机构，以共同担负起新中国的建设任务。

1950年初，他与北京都市计划委员会的陈占祥一起，向政府提出了新北京城的规划方案。他们根据北京作为全国政治中心的性质，预见到北京的长远发展，提出将新的政府行政中心区放在旧北京城的西郊。他们从新行政区占地面积、交通联系、长远发展等几方面加以分析比较，论证如将这个新区放在旧城之内则将带来一系列不可克服的困难。他们认为北京旧城是一座规划严整，保留有众多文化古迹而且至今仍保存得十分完整的古城，他们主张把这座世界上少有的历史名城保留下来，在改建中保持它的传统风格。梁思成就是这样，怀着满腔热情，以一个技术专家的极大责任心，投入到新中国的建设事业之中，他自己说，差不多每天都在兴奋激动的心情中度过。

在繁忙的工作中，梁思成始终没有忘掉为新中国创造新建筑的理想，始终没有停止对建筑创作理论的探索。他学习了毛泽东的《新民主主义论》,尤其是其中关于新中国文化的论述,受到很大的教益,他认为新中国建筑也和新中国的文化一样,应该是“民族的、科学的、大众的”。他写文章、作报告,连续发表了《中国建筑的特征》、《中国建筑发展的历史阶段》、《中国建筑与中国建筑师》等,热情地介绍中国建筑传统,论述建筑创作的主张。他十分注意新建筑的实践,对于北京民族宫、美术馆这样较多地应用了大屋顶和古代建筑装饰的建筑,梁思成并不认为他们就是最好的和唯一的民族形式。他发现,有些地区、有些农村的住宅采用了中国建筑的横向开间比例,用普通砖砌出少许具有中国风格的装饰,他十分高兴地认为,这可能是创造民族形式的广阔途径。可以说,在建筑创作这样复杂的学术问题上,几十年来,梁思成始终在进行着思考和探索。

保护日本的古建筑

梁思成热爱建筑、保护建筑的事众人皆知。他不但竭心尽力地保护中国的建筑,对日本的建筑他也以一位伟大知识分子的良知,尽心保护。日本的千年古都京都和古城奈良,在梁思成的争取下得以保全。因为那些建筑虽然属于日本,但是也是人类共同的精神遗产。

那是1944年,为了取得对日本作战的最后胜利,美国空军对日本本土进行了大规模的轰炸。在这段时间里,共有199座日本的城市遭受袭击,40%以上的城市建筑被毁。可是,京都和名城奈良却没有遭受空袭。美国空军的战机在它们的上空经过数次,却从未丢下一颗炸弹。谁也想不到,这居然和一位对日本侵略者深恶痛绝的中国人有关,他就是建筑大师梁思成。

当时,梁思成正担任“战区文物保护委员会”副主任,他接手了一项特殊任务,那就是绘制中国沦陷区的文物建筑表,绘制完成以后,还要在军用地图上明确标注具体位置,以免被盟军的空军误炸。在做这项工作的时候,梁思成做出了一个惊人的举动,把日本的京都和奈良也标记出来。

美国空军上校布朗森曾多次决定轰炸日本奈良,却均遭到梁思成的劝阻。布朗森上校十分不解,问梁思成:“日本曾经对中国犯下如此滔天大罪,你如今却帮着日本人说话?这到底是为什么?”

梁思成冷静地对他说："上校先生，日本对中国的伤害，是中华民族世世代代都不会忘记的。当我想到四万万中国人在日本的侵略下，家破人亡，蒙受灾难，我恨不得马上将日本岛炸为废墟。可是，我是一位建筑学家。我的职业，赋予我保护建筑、爱护建筑的使命，并让我必须要冷静下来。建筑是社会的缩影，是民族的象征。一座完美的建筑，它所代表的不仅仅是某个民族，而是这一时期全世界的人类文明。它记载着历史，记载着人类的发展过程。上校先生，请看我在图上标注的地方，这里保留着神奇东方最古老的建筑。奈良的唐招提寺和法隆寺，是世界最早的木结构建筑。再看看世界那些伟大的建筑吧。希腊的帕提侬神庙，如今只剩下一些短柱了。它曾经的辉煌壮伟，是现代人无法考究，也无法想象的。有的人说，重新修复一下不就好了。但是，在帕提侬神庙的残址上，即使竖起几根石柱，即使补上精美雕塑，这就好比是给维纳斯补上断臂，那还是艺术了吗？所以，上校先生，奈良不能炸。奈良的建筑，不能炸。奈良的文明，更不能炸。"

布朗森上校被梁思成的话深深打动了。这样一个东方古代建筑著名专家，一个遭受日本侵略的中国学者，却能够为保护人类文明的建筑而暂时忘却民族之恨，实在是令人钦佩。

30 多年后，奈良因其众多处保存完好的古代建筑以及占有全日本十分之一的"国宝"级文物，而被誉为"世界历史文化名城"。而我们的建筑家梁思成，则被日本人称为"古都的恩人"。

梁思成名言

求学问需要精，但是为了能精益求精，专得更好就需要博。既有所专而又多能，能精于一而又博学；这是我们每个人在求学上应有的修养。

我的祖国正在灾难中，我不能离开它，假使我必须死在刺刀或炸弹下，我要死在祖国的土地上。

拆掉一座城楼，像挖去我一块肉；剥去了外城的城砖，像剥去我一层皮。

雕塑大师——米开朗琪罗

*** 名人档案 ***

姓名：米开朗琪罗(1475 ~ 1564)

家乡：意大利佛罗伦萨

主要成就：意大利文艺复兴时期伟大的画家、雕塑家、建筑师和诗人。他与达·芬奇和拉斐尔并称“文艺复兴三杰”。他的雕刻作品以“健美”著称，如代表作《大卫》。在绘画方面，西斯廷教堂的《创世记》天顶画和《末日审判》壁画都是他的杰作。

*** 名人故事 ***

以石为伴的童年

1475年3月6日，在文艺复兴胜地意大利佛罗伦萨，有一个小男孩出生了。小男孩的父亲是这座小城的市长。他和妻子对这个刚刚来到人世的小家伙十分喜爱，给他取名为“米开朗琪罗”。

米开朗琪罗的母亲体弱多病，再加上刚生完孩子，身体更加虚弱，无力照料自己的孩子。于是，刚出生的米开朗琪罗便被送到家附近的塞提雷诺小镇，由一位奶妈来抚养。

塞提雷诺镇是一个林地茂盛的地方。这里空气清新，山清水秀，物产丰富，尤其值得一提的是，这里还盛产大理石。小米开朗琪罗在奶妈的精心照顾下，健康成长。奶妈的丈夫是当地采石场的工人，也十分疼爱小米开朗琪罗。平时，他总是把米开朗琪罗带在身边。米开朗琪罗在这个山区小镇度过了幸福快乐的童年时光，同时，他也学会了用凿子和锤头来制作雕像。

13 岁时，父亲把米开朗琪罗送到佛罗伦萨著名的基兰达约画室当学徒。爱好艺术的他，能得到名师指点，自然很珍惜。在那里学习的一年多时间里，他勤奋刻苦，技艺进步很快，深得老师的赏识。一年后，这位年轻的艺术家渐渐发现，与拿着笔在纸上作画相比，他更喜欢用凿子。于是，他开始学习雕塑。很快，他在绘画上表现出来的天赋，在雕刻上也凸显出来。

14 岁时，他开始尝试雕刻作品，并很快在佛罗伦萨小有名气。在不断的进步中，在和一些具有更高地位、更高文化的思想家和艺术家接触中，米开朗琪罗被他们的人文主义价值观和崇尚的世俗之美所影响和震撼，并且使他明白，高尚的艺术应该将美与神圣统一起来。于是，他开始学习柏拉图的哲学思想，朗读但丁、彼特拉克、贺拉斯、维吉尔的诗作。这不仅使他日后成为一名著名的诗人，更在其艺术创作上，给予了很大的辅助和推动作用。

两位大师比画

同是“文艺复兴三杰”的米开朗琪罗和拉斐尔在艺术上是对手，据说在私下里却是很要好的朋友。他们在艺术上各有特色，很难分出胜负。平时，两个人经常在一起聊聊天，切磋一下艺术上的技巧，讨论到兴起的时候，两个人还会随手拿起画笔，分别作起画来，一决高低。

有一天，米开朗琪罗和拉斐尔两人又聚在一起讨论作品。由于两人见解不同，说着说着竟然争论起来。他们谁也不让谁，于是两人决定，他们各自创作一幅作品，并公开展览，让人们来评价谁的作品好。

两人回到家中，开始构思作画。拉斐尔决定画一个头顶一筐葡萄的孩子。而米开朗琪罗想了好几天，眼看第二天就要公开展览作品，可还是没有满意的想法。这天晚上，米开朗琪罗站在窗前，秋风不停地敲打着窗户，吹起窗边的窗帘。突然，米开朗琪罗灵机一动，一个新颖的构思形成了。他立刻拿起画笔，在画板上勾画起来。

第二天，听说两位艺术大师要进行比赛，好多人都特意跑来观看。一时间，两位大师所在的广场上人山人海。只见拉斐尔掀开画布——一个天真活泼的孩子，顶着一筐新鲜诱人的葡萄。画中的小孩惟妙惟肖，十分逼真。而孩子头顶的那一筐葡萄，更是刻画得如同刚刚摘下一样，水灵得令人垂涎欲滴。

看到大师如此逼真细腻的作品，现场的人们不由得惊叹起来。就在这时，几只小麻雀飞过，看到拉斐尔的画布，竟然误以为上面是真的葡萄，叽叽喳喳地啄起画布来。见到鸟儿都被拉斐尔的画所吸引，人们更是绝口夸赞，觉得这画实在是传奇之作。拉斐尔也不禁得意起来。

站在一旁的米开朗琪罗，默默地站在自己的画后，一声不响。得意的拉斐尔突然转过身来，骄傲地看着被人们冷落的米开朗琪罗。这时，人们才注意到还有一幅画作，于是有人对米开朗琪罗喊道："先生，把你的画布也揭开吧，让我们看看您的那幅画吧。"

在众人的目光里，米开朗琪罗仍然不动声色，呆呆地站在画板旁一动不动。人们见米开朗琪罗没有反应，便起哄道："是不是画得没有拉斐尔的好呀？怎么都不敢掀开画布？"拉斐尔见状，赶紧走到米开朗琪罗身旁，着急地说道："你在做什么啊？大家都等着你呢？快把画布取下来，让大家……"话还没说完，拉斐尔看着米开朗琪罗的画布，如电击一般地愣住了，得意的神情顿然消失。然后，他缓缓转过身来，向观众宣布："我输了。"

原来，米开朗琪罗所画的正是那块画布。拉斐尔的画"骗"了麻雀，但米开朗琪罗的画却"骗"了所有观众的眼睛，也包括拉斐尔自己。难怪拉斐尔甘拜下风呢。

* 米开朗琪罗名言 *

对好人行善，会使他变得更好；对恶人行善，他就会变得更恶。

想努力创造完美的东西，必须具备心灵的纯洁，同时富于宗教精神。

完美不是一个小细节，但注重细节可以成就完美。

印象派大师——凡·高

* 名人档案 *

姓名：凡·高（1853～1890）

家乡：荷兰布拉邦特

主要成就：19世纪人类最杰出的艺术家之一，印象画派代表人物。他善于用绘画表达主观感受，他的主要作品都是在他生命的最后几年完成的，代表作有《向日葵》、《邮递员罗兰》、《农民》、《囚徒放风》等。

* 名人故事 *

弟弟的支持

为了追求梦想，凡·高的生活变得窘迫不堪。但他从来没有抱怨过，更没有放弃过。对他来说，只要精神上得到极大的满足，肚子受点罪根本不算什么。

凡·高的梦想是艺术，他不会赚钱维持生活，曾经贫穷得只能靠房东周济的几片面包才能喂饱肚子。有一次，他患了感冒，高烧不退。人在病痛的时候，往往异常脆弱。回想着自己的惨痛经历，凡·高知道，自己已经走到山穷水尽的地步了，这不得不使他对自己是否还应坚持自己的梦想产生了怀疑。

就在凡·高内心挣扎的时候，他的弟弟提奥推开了房门。提奥虽然年轻，但是在巴黎商界已经崭露头角。看到床上的哥哥病成这样，提奥的心里十分难过。他马上跑出门去，为哥哥买回衣服和食物，并做了一桌好菜，喂给哥哥吃。

提奥看着眼前这个他从小一直崇拜、而如今却落魄成这样的男人，流下了辛酸的眼泪。在他的心中，哥哥是那样的高大魁梧，曾经为他遮风避雨，带他嬉笑玩耍。而今天，接连的不得志让哥哥变得虚弱颓废。提奥失望之外，更多的是心痛。他对哥哥说，这么辛苦，为什么还要坚持呢，还是和我一起回家去吧。

瘦弱的凡·高轻轻地摇了摇头："我还不能回去。现在这样回去，我就是人们眼中游手好闲的败家子。旁人不了解我内心的梦想。我热爱艺术，在阿姆斯特丹学习的时候，我就萌发了想要画画的强烈冲动。但那时我没有让自己那么做，因为我怕影响自己真正的工作。如今，我 27 岁了，却是一事无成。但我一直在努力，努力寻找我真正的梦想。在经历了人生中最痛苦的一段路程后，我明白了，我的梦想是成为一名艺术家。这些年来，我在工作中接连失败，这说明，我早就不该在这里，而是应该去追求我的梦想，去做适合自己的事情。也许在我的灵魂中有一团烈火，但没有一个人前来取暖。难道我不应该守护着这团火，保持着自己的热情，耐心等待有人前来取暖的时刻到来吗？所以，即使再困难，我都要坚持下去。"

看到哥哥如此坚定的决心，提奥被深深地打动了。他把哥哥当做生命中最重要的人，他尊重哥哥的任何决定。于是，提奥决定将自己的工资都资助给哥哥以完成他的事业，并鼓励哥哥勇敢地走下去。

从此以后，在弟弟提奥的资助和自己的勤奋努力下，凡·高在艺术的世界里自由翱翔，最终成为享誉世界的一代艺术大师。

在绝望中寻找希望

凡·高的一生，穷困、窘迫。灾难般的生活将他围困堵截，不给他留下一丝希望。

20 岁的时候，他曾在一家画廊里做过店员。那时的他，并不会画画，也不曾知道自己热爱画画。他只是每天为别人卖花，平庸到自己都为自己感到忧郁，但他却一直压着内心的情感，从不表露出来。要不是因为失恋的打击，让他选择离开这个伤心之地，忘掉那个拒绝他的姑娘，他不会选择品尝痛苦，陷入如此的绝望境地。

在流浪中，他尝试过各种职业：牧师、教师等。他也试着学过很多东西。但是，他最终都发现，自己并不适合这些。长期的在外流浪，又没有稳定的工作，他花光了所有的金钱，时而又被病痛折磨。他不禁开始有些消沉，甚至没有勇气开始崭新的生活。

26 岁那年，凡·高在穷途末路之时看到了一点希望——他突然发现，原来自己一直怀念着曾经呆过的那些画店和美术馆里的那些美丽的油画。这让他幡然醒悟，原来自己一直心念着艺术。于是，他开始了画画，并为此付出了一生。

凡·高并不是想以画画谋生，没有金钱、没有健康、对生活失去信心的他，只是为了找到一个坚强活下去的信念，更确切地说是信仰。他根本没想过金钱、地位和名声，他只是需要一种力量，让他找到自己真正的价值。他没有拜师，没有半点绘画基础，他只是在画板上，描述出他内心最想表述的情感，那些任何人都没有见过、不为世人所承认的东西。他把他的迷茫、痛苦、绝望、辛酸、愤恨毫无顾忌地倾注在画笔上。绘画虽然未曾改变他困窘的生活，却使他忘记生命中惨痛的经历。他不停地用心画画，日复一日，年复一年。把绘画当做信仰，直到他心力交瘁的那一天。

凡·高名言

在我的生活与绘画中，我可以不要上帝，但是像我这样的笨人，却不能没有比我伟大的某种东西，它是我的生命——创造的力量。

一个人绝不可以让自己心灵里的火熄灭掉，而是要让它始终不断地燃烧……你知不知道，这是诚实的人保存在艺术中最最必要的东西！然而并不是谁都懂得，美好的作品的秘密在于有真实与诚挚的感情。

我总是全力以赴地画画，因为我的最大愿望是创造美的作品。

第6辑

企业家

“企业家”一词源于法文，最早是由法国经济学家萨伊提出的，是指那些能有效组织和利用经济资源，敢于承担经营风险，为企业和社会创造财富的人。工业革命以来的世界各国，包括民族工业兴起以后的中国，先后涌现出了许许多多杰出的企业家。他们为各自国家的社会经济发展作出了巨大的贡献。在他们的身上都具有一种特质，即所谓的企业家精神——进取精神、冒险精神、创新精神和社会责任感。也正是因为这种特质，他们才取得了事业的成功，铸就了辉煌的人生。

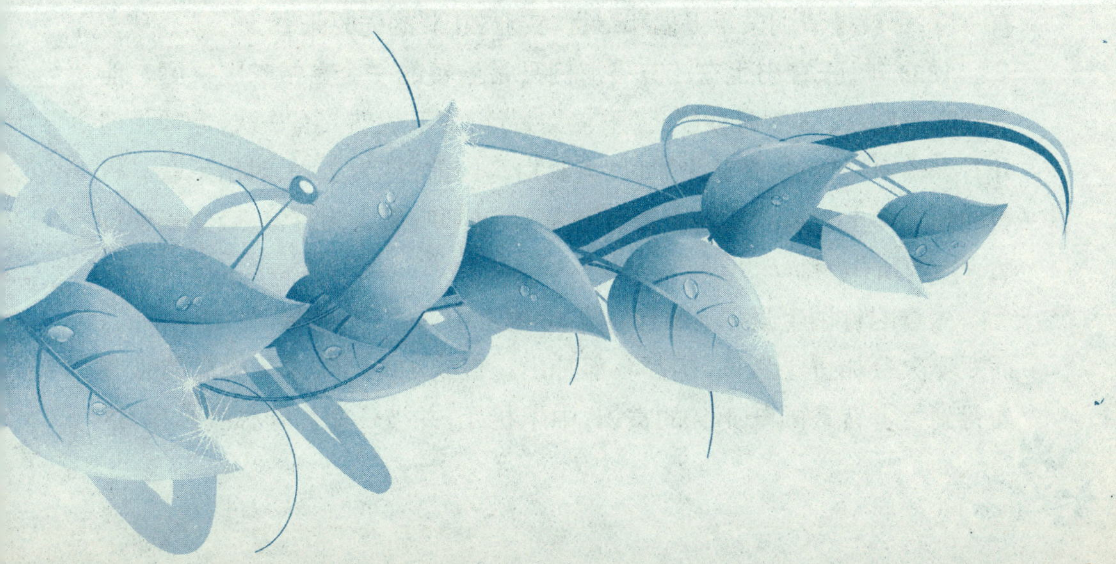

状元实业家——张謇

名人档案

姓名：张謇(1853～1926)，字季直，号啬庵

家乡：江苏南通

主要成就：中国近代著名的实业家、教育家。他一生创办了20多个企业、370多所学校，为我国近代民族工业的兴起，为教育事业的发展作出了宝贵贡献。毛泽东在谈到中国民族工业时曾说："轻工业不能忘记张謇。"

名人故事

实业救国的梦想

在中国历史上，状元出身的宰相为数不少，可状元出身的实业家则只有一位，那就是清朝末年提倡和奉行"实业救国"的先驱张謇。

1853年，张謇出生在江苏省海门县常乐镇的一个富裕农民家庭。他自幼聪明勤奋，5岁时便能将《千字文》背得滚瓜烂熟。有一次，老师见门外有人骑白马走过，便让学生以"人骑白马门前过"为上联，对出下联。机灵的张謇马上对道："我踏金鳌海上来"。老师听后大为震惊，夸奖张謇日后一定有所作为。

张謇的科举生涯并不顺利。他16岁考中秀才，33岁时，才考中举人。而后4次参加进士考试，却都名落孙山。直到1894年，才华横溢的张謇才得到主考官翁同龢(hé)的赏识，中了状元，并被任命为翰林院修撰，这在当时是读书人最高的荣誉，也预示着今后在仕途上会飞黄腾达。

不久，中日甲午战争爆发。张謇满腔义愤，和翁同龢等人一起，主张坚决抵抗日本帝国主义的侵略。他再三禀奏光绪皇帝，抨击李鸿章的投降主义。可张謇的力量太小，并没有改变这场战争的结局。次年2月，甲午战争以中国战败而告终。

面对这样的结局，张謇异常失望。他看清了清政府的腐败软弱，并深深意识到，要使中国“不贫不弱”，不受外国人的欺侮，当务之急，一是要实行政治改革；二就是要大力发展实业，以求民富国强。他认为，一个有头脑的知识分子，就应当正视现实，勇于投身实业，以拯国家于危难，救百姓于水火。所以，他毅然辞掉了翰林院的职务，决心回到家乡开办工厂。一心倡导办实业的两江总督张之洞听到张謇想到南通筹办纱厂的想法后，立刻表示将鼎力相助。

南通地区滨江临海，气候适宜，交通便利，是传统的产棉区。南通的棉花不但产量高，而且质地洁白，很有弹性。当地农民拥有传统的纺纱织布技术，所以对于机器纺纱的需要量日益增长。这里天时地利人和的条件，促使张謇决定大干一场。

1896年春天，张謇与花布商人沈燮均、陈维镛、刘桂馨，上海洋行买办郭茂芝、潘鹤琴以及上海绅商樊时熏等人，成立了正式的董事会。随后，他们选定了厂址，并确定厂名为“大生纱厂”。

大生纱厂的旗号一打出来，立刻在当地掀起了不小的影响。大家见带头办厂的是个状元，对他十分信任，便纷纷前来投股。张謇还亲自写信，到处为工厂做宣传，所以招来不少股东。建厂的资金是有了，可是购买机器的资金还是不够。两江总督张之洞见张謇遇到了困难，便想尽了办法帮忙。甚至将自己从国外购入的用于湖北纱厂的一套机器，转给了大生纱厂。

就这样，大生纱厂经历了几番周折后，终于正式开工。当震耳欲聋的机器声轰轰作响，当第一缕棉纱纺织成功，身为总经理的张謇热泪盈眶。所有人都知道，筹资办厂的几年里，张謇吃了多少苦，受了多少磨难，经受了多少白眼，但他始终没有放弃过。这个本是堂堂状元的文人，为了保家救国，东奔西走，看着别人的脸色，听着别人的嘲讽，承受着别人的误解，一步步走了过来。

在这以后，张謇又先后创办了 20 多个企业。并将经商得到的钱，全部捐献到教育和社会公益事业上。他办了通州师范学校、农科大学、医学专门学校、女子师范、公共图书馆、蚕桑讲习所等教育机构，还创办了医院等慈善单位，以及气象台、博物院等公益机构。张謇的事业也在这时达到了顶峰，成为东南实业界的巨人。

以身作则严校纪

张謇办企业，不为追逐名利，不图升官发财，一心只为国家富强。因此无论是办盐业公司、大生纱厂，还是办学校、养老院等，他一直都廉洁奉公，以身作则。

黄士高是张謇的老乡，也是他关系很好的同学，为人忠厚老实，记忆力非常好。不仅如此，黄士高还有一手如同铅字印刷出来的方块字。张謇十分敬佩他，称他是“两脚书橱活字典”。后来，南通师范学校建成后，张謇把黄士高调到学校任教并兼任舍监。

建校初期，学校的各项规章制度都是由校长张謇亲自制定。教导主任于敬之和顾公毅负责教育，而黄士高则负责执行监督制度。黄士高工作起来十分严肃，不苟言笑，认真严格。

一次，校长张謇到学校考察情况，听取于敬之和顾公毅两位教导主任及几位老师的汇报。他们聊着聊着，忘记了时间。而此时，学校规定的熄灯时间早已经过了。黄士高挨门熄灯后，来到校长张謇所在的房间，毫不犹豫地将灯熄灭，并对他说：“学校的规定都是您制定的，如果您不遵守的话，我们的工作就不好办了。”可在场的人们，都觉得黄士高这样做，实在是太没礼貌了。

学期期末，学校开会讨论教职工的业绩时，多数人向校长张謇反应，黄士高固执死板，不懂人情世故，而且不尊重校长，不应继续聘用。张謇耐心地听了大家的想法后，却说：“黄士高呆板固执，不会圆通是他的短处。但是，他这么做，是恪尽职守，是对工作负责，也正是他的长处。大家要取长补短，不能见到别人的短处就抓住不放。相反，我们要学习他这种

尽职尽责的工作态度，既然规定就是那样定下的，无论是学生还是老师，就连我，也应该遵守。”从那以后，谁也不敢再说黄土高固执了。

师范启其塞，小学导其源，中学正其流，专门别其派，大学会其归。师范为教育之母。

化工之父——侯德榜

*** 名人档案 ***

姓名：侯德榜（1890 ~ 1974）

家乡：福建闽侯

主要成就：中国近代化学工业的先驱，著名化学家，“侯氏制碱法”的创始人。他为中国的化学工业奋斗终生，并以独创的制碱工艺闻名于世界。

*** 名人故事 ***

中国工业进步的象征

1890 年，侯德榜出生在福建省闽侯县一个普通的农民家庭里。侯德榜自幼勤奋好学，13 岁时进入福州英华学院学习。1911 年，侯德榜以优秀的理工科成绩，进入清华留美预备学堂学习。后以优异成绩获得公费赴美学习的机会。

在美期间，他先后在麻省理工学院、普拉特学院、哥伦比亚大学等多家名校学习化工、经济、管理等方面的课程。他刻苦勤奋，成绩优异，顺利获得了化学工程博士学位。1921年，怀着“工业救国”远大抱负的侯德榜，毅然放弃国外优越的工作条件，怀着赤子之心回到祖国，来到天津塘沽永利制碱厂工作。

在当时，碱是工业必需的化学原料。而国际上所使用的制碱法是由比利时人苏尔维发明的，被几家大公司所垄断。不懂得生产纯碱的国家，只能从外国进口。中国也是这些国家之一。为了解除垄断公司的控制，国内外不少专家都试图解开苏尔维制碱法生产之谜，却最终都失败了。

为了实现中国人自己制造纯碱的梦想，侯德榜决定将全部身心投入到研究和改进制碱工艺上，希望通过自己的力量来打破大公司的垄断。于是，他在公司股东大会上郑重其事地说：“攻克这样的世界性技术，我知道不是件简单的事情。但是，既然外国人能办到，那么，我们中国人就也一定能办到。请允许我失败，但是我保证，在5年之内，我一定会攻克这一难关。”

正如侯德榜自己预料的那样，研究的过程并不顺利。在实验中，事故频繁发生，就算制出了碱，但质量也很差，远远达不到预想的标准。垄断苏尔维制碱法的会员国看到侯德榜的实验状况百出，纷纷嘲笑他不自量力。但是，侯德榜并没有灰心。他没日没夜地待在实验室里，废寝忘食地研究。功夫不负有心人，在侯德榜预计的5年期限还没到的时候，他终于发现了苏尔维制碱法的秘密。

1924年8月，永利制碱厂生产出了白花花、亮晶晶的纯碱。从此，中国人摆脱了外国人在纯碱上的垄断。而这一创举，也震惊了全世界。1926年，中国生产的“红三角”牌纯碱在美国费城万国博览会上获得了金质奖章，并被誉为是“中国工业进步的象征”。

热爱祖国的侯德榜，同样拥有着科学家无私的胸怀。为了使世界人民都从纯碱垄断中走出来，侯德榜在百忙中，还用英文撰写并出版了《纯碱制造》一书，将制碱方法第一次彻底向全世界公开。这本书的问世，对世界制碱工业的发展起了重要作用。美国的威尔逊教授称它是“中国化学家对世界文明所作的重大贡献。”

发明“侯氏制碱法”

虽然找到了制碱的方法，但侯德榜在研究上并没有止步。他相信只有不断地创新，才会有真正的进步。在他心中，一直有这样一个想法——要发明出属于自己的制碱方法。

1937年，抗日战争爆发。随后，日寇入侵天津，永利制碱厂被迫迁往四川五通桥新址。当时内地盐价昂贵，五通桥地区只能用卤水作为制碱的原料，必须先把卤水浓缩饱和，但这样成本很高，根本无法维持生产。无奈之下，永利制碱厂只好向德国购买盐的利用率高达90%~95%的查恩制碱法。

当侯德榜兴冲冲地来到柏林的时候，德方不但表示不能合作，态度还十分蛮横。经过再三的交涉，德方终于松口，表示可以卖给中国，但价格高得离谱，甚至提出“制出的碱不准在东北三省出售，因为那里已是‘满洲国’，不是中国的版图”的无耻要求。忠心爱国的侯德榜对此十分生气，他对同行的永利制碱厂厂长范旭东义愤填膺地说：“这样做简直是欺人太甚，我们不要和他们谈下去了。还是那句话，他们能办到，我们也一定能做到，而且会比他们做得还好。我一定要争口气，让世界都看到，中国人不会一直被他们这样欺负的！”

回国后，侯德榜立即投身于新工艺的研究。这一次，他扩大了研究工作的范围和力度，分别在美国和香港设立了实验室，并找来一大批化学家，和他一起进行研究实验。

一年后，适合内地特点的新的制碱工艺——“侯氏制碱法”诞生了。它在苏尔维法、查恩法的基础上，改进了原来间断生产的缺点，把氨碱法和合成氨法结合起来，同时制造纯碱和氯化铵。这样不仅节省了原料和设备，还减少了废液的产生。“侯氏制碱法”一面世，便引起国际科学界的高度关注，众多科学家纷纷为此惊叹，并给予了高度评价。侯德榜也因此先后获得英国皇家学会、美国化学工程学会荣誉会员的称号。

从揭秘苏尔维法，到研究出侯氏制碱法，激励、支持侯德榜坚定走下去的，正是他不屈不挠的爱国心。当然，侯德榜的奋斗并没有到此就停止。

晚年的侯德榜，又将他从事制碱工业40年的经验总结出来，并出版了《制碱工学》一书，再次将自己呕心沥血研究出的“侯氏制碱法”奉献给了全社会。这一举动，将他的制碱工艺推至最高峰，并大大提升了他在国内外学术界的地位。

* 侯德榜名言 *

在化学的领域内是没有废物的。

我的一切发明都属于祖国！

就天赋而论，我不算聪明，但我深知“勤能补拙”的道理。一生所以有些许成就，除许多客观条件外，主观上就要归功于勤奋。

汽车之父——卡尔·本茨

* 名人档案 *

姓名：卡尔·本茨（1844 ~ 1929）

家乡：德国卡尔斯鲁厄

主要成就：德国机械工程师和企业家，现代汽车工业的先驱者之一，德国著名的戴姆勒—奔驰汽车公司的创始人之一。因为他制造出了第一辆4轮汽车，所以被誉为“汽车之父”、“汽车鼻祖”。

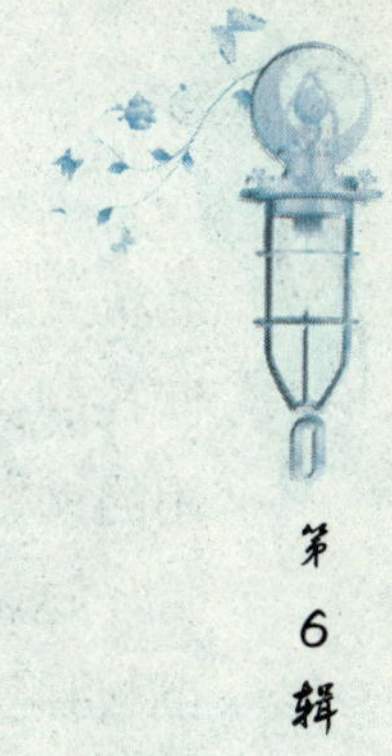

名人故事

汽车的诞生

1844年,卡尔·本茨出生在德国西部卡尔斯鲁厄的一个手工业家庭。他的父亲是一名火车司机,在一次事故中不幸遇难身亡。

小本茨对父亲无比崇拜,一直梦想能像父亲那样从事火车上的工作。1855年,在卡尔斯鲁厄一所中学就读的小本茨疯狂地迷恋上了自然科学,尤其是物理科学。1860年,16岁的本茨顺利通过大学入学考试,并听从母亲的意愿,开始学习机械工程。在校期间,他学习了机械构造、机械原理、发动机制造、机械制造、经济核算等课程。在这里,本茨遇见了两位影响了他一生的老师,对他以后在汽车工业上的事业打下了很好的基础。

从学校毕业后,卡尔·本茨到卡尔斯鲁厄机械工厂当了一名学徒。在这里,他认识了比他大10岁的戈特利布·戴姆勒,在以后的日子里,两人成了事业上的好伙伴。

1872年,本茨产生了要建工厂的想法。于是他四处筹钱,终于和好友里特一起办起了“奔驰铁器铸造公司和机械工厂”。但是,由于当时经济不景气,本茨又没有足够的经验,使得工厂运营困难,面临倒闭的危险。那段时间,本茨百感交集,一直在苦想化险为夷的出路。就在他近乎绝望的时候,突然想起了上学时老师说过的“资本发明”的话,于是他决定最后一搏,制造发动机以获取高额利润,来脱离困境。

下定决心的本茨,学习了奥托的煤气发动机,并获得了生产四冲程煤气发动机和双冲程发动机的营业执照。经过一年多的研制,他在前人的基础上,研制并生产出了第一台单缸煤气发动机。这一年是1879年,离我们现在已经100多年了。

随后,本茨又将燃气机改进为汽油发动机,安装在三轮车上。这种新型的三轮车,车上装有三个实心橡胶轮胎的车轮,装有卧置单缸二冲程汽油发动机。虽然它的时速只有16公里,但在那个以马车为主要交通工具的年代,这一速度已经足够震惊世界了。这种三轮车前轮小,后轮大,发动机置于后轮上方，动力通过链条和齿轮驱动后轮前进，行驶方向靠操纵杆控制。为使乘坐起来更舒适，本茨还在车架和车轴间装有具有减震作用的钢板弹簧悬架。

这辆已经具备现在汽车基本特点，包括电点火、水冷循环、钢管车架、钢板弹簧悬挂、后轮驱动、前轮转向等技术的三轮车，在当时一下子引起了不小轰动。这就是我们今天熟知的汽车雏形。本茨就在此基础上，不断进行研究改进。

1886 年 1 月 29 日，德国皇家专利局正式批准本茨发明的汽车获得汽车制造专利权，并把 1 月 29 日确定为世界汽车日，1886 年确定为世界汽车诞生年。本茨用自己的名字命名了公司，不过我们今天习惯上称他的公司为“奔驰”。

世界上第一位汽车驾驶员

卡尔·本茨所取得的辉煌成就，离不开他自己超前的远见、不懈的努力及持久的恒心，也离不开一直在他背后大力支持他的妻子。这个名叫贝尔塔·本茨的女人，她不仅全力支持自己的丈夫，使丈夫成为世界汽车第一人，更因其过人的勇气而成为世界上第一位驾驶汽车的司机。

创业初期的本茨，因为没有足够的资金，而四处找朋友帮忙。未婚妻贝尔塔知道后，便毫不犹豫地变卖了自己的嫁妆和所有首饰，甘心和本茨过着贫穷的日子，成为本茨研究工作的最大支持者，也给了本茨强大的精神动力。

本茨的第一辆三轮汽车，虽然给他带来了无上的荣誉，但是一方面并没有根本改变他们贫困的生活状况；另一方面，这个不断散发臭气的怪物总是抛锚，遭到不少人的质疑和嘲笑。

本茨虽然多次对它进行改进，但是缺点还是不少。一再出错的三轮汽车，让本茨自己都感到失望，甚至没有勇气将它开上大街。但是，贝尔塔却对丈夫的发明深信不疑。她在鼓励丈夫的同时，顶着旁人的白眼，带着两个孩子，勇敢地开始了驾驶汽车的第一次长途旅行。

1888 年 8 月的一个早晨，贝尔塔驾驶着丈夫发明的汽车，带着两个孩

子向 100 多公里以外的婆婆家进发了。那时，世界上没有任何一辆汽车跑过这么远的路程。当路人看到这个怪物从身边经过时，都不禁惊呆了。车子经过哪里，哪里就引起一阵议论。

贝尔塔的这一路，远没有那么顺利。当汽车行驶了 14 公里时，燃料用尽了。于是，贝尔塔只好跑到一家药房购买粗汽油。当行驶了 70 公里左右时，又被一个陡坡卡住。贝尔塔情急之下，让小儿子在前面驾车，她自己和大儿子在车后推，才使汽车“爬”过了整个陡坡。除此之外还有发动机的油路堵了，贝尔塔就用发针把它修好；电器设备发生了短路，贝尔塔用袜带作绝缘垫……

就这样，当日落西山时，母子三人才终于到达目的地。全城的人都跑出来围观这个“怪物”，并纷纷赞叹不已。兴奋的贝尔塔立即给丈夫拍了一个电报：“亲爱的，汽车经受了考验，请速申请参加慕尼黑博览会。”

接到电报的本茨，又是激动，又是感动，两手都发抖，他几乎不相信这是事实。冷静下来后，他立刻办妥了参加慕尼黑工业博览会展的手续。在会上，他的汽车吸引了大批客户。从此他的事业蓬勃发展，拥有了德国最大的汽车制造厂，生产名扬四海的奔驰牌汽车。而本茨太太也因为这次历史性的试验而被称为世界上第一位汽车驾驶员。

* 卡尔·本茨名言 *

发明的过程比发明的结果美好千倍。

我坚信：创造的热情将永不熄灭。

电话发明者——贝尔

* 名人档案 *

姓名：贝尔（1847～1922）

家乡：英国爱丁堡

主要成就：美国著名发明家，电话的发明人，被称作“电话之父”。他一生独自获得了18项专利，和他人共同获得了12项专利。其中，14 项是属于电话和电报方面的。他不仅发明了电话，而且还建立了世界上第一家电话公司。

* 名人故事 *

电话的产生

贝尔出生在英国爱丁堡的一个声学世家，父亲和祖父都是从事聋哑事业的著名的语言学家。生活在这样一个环境里的贝尔，从小就对语音传递产生了浓厚的兴趣。

贝尔小的时候很贪玩，还总是调皮捣蛋。贝尔的祖父很疼爱他，但对他的管教也格外严格。贝尔那时候很怕祖父，但是随着年龄的增长，他渐渐喜欢上了这位花白胡子的老人，并为他渊博的知识而倾倒。在祖父严厉却慈爱的教导下，贝尔渐渐懂事起来，并迅速表现出对搞小发明小创造的热情。

那时候，在他家附近有一座磨坊。经常在那里玩的贝尔，觉得这种老式水磨太费劲了，得改进改进。于是，他翻阅了大量图书资料，设计出一个利用齿轮改良原有水磨的草图。虽然，这个出自小孩之手的草图画得并不规范，但贝尔的构想却十分巧妙。通过这件事，贝尔成了远近闻名的“小发明家”，这也给他增加了很大的自信，并激发了他对科学更大的兴趣。

1864 年，17 岁的贝尔受家庭的影响，进入爱丁堡大学学习语音专业。1867 年，他又到伦敦大学继续攻读语音学。25 岁时，贝尔受聘为美国波士顿大学的语音学教授，随后定居美国。

那时的美国，电报作为一种新型的通讯工具，已经被广泛地运用了。一天，坐在办公室里的贝尔，看着眼前的电报机，突然想到："电流可以让音叉震动，那为什么人的声音或音叉的震动，不能让电流获得相应的音波而来传递声音呢？"于是，他开始对此进行试验。在实验中，他发现了一个有趣的现象：电流导通或截止的时候，螺旋线圈竟然会发出噪音声响。于是，一个大胆的设想在贝尔德心中萌发了出来：如果能在讲话的时候，使电流强度发生变化，从而模拟出声波的变化，这样就可以用电流将声音更远地传播出去了。

想到这里，激动的贝尔都不禁为自己的这一想法而感到震撼。可是毕竟他是学语音学专业的，对电学可是一窍不通。于是他将自己的想法告诉给几位电学界的朋友，希望得到帮助。却没想到那些人听完后，都觉得他这是异想天开，有的甚至劝他去补习一点科学常识。可是执著的贝尔并没有灰心，他自信这个理论一定能成立。电磁学泰斗亨利先生听到贝尔的想法后，觉得这是个非常好的主意，并相信他一定能成功。

在亨利先生的鼓励下，贝尔决定自学电学知识，并通过自己的力量来证实自己的想法是可能的。于是，他一头扎进图书馆，从《电学常识》开始，潜心学习电学知识，并掌握了最新的电磁研究动态。拥有了扎实的电磁学理论知识后，贝尔进入实验的筹备阶段。1873 年，贝尔辞去波士顿大学语音学教授的职务，在近郊公寓租了一间破旧狭窄的小屋，并请来 18 岁的电器技师沃特森做实验助手，开始正式地搞起实验来。

两年里，他和助手终日关在实验室里，反复设计方案、加工制作。他们不断地失败、受挫，但却不断地激励自己再试一次。偶尔，贝尔也会沮丧，但他的耳边马上会响起亨利先生的话，从而让他再次振作起来，以饱满的热情投入到工作中去。

1876 年 3 月 10 日，贝尔和他的助手分别在两个房间里准备做对话实验。这时，贝尔一不小心，将硫酸撒在自己的腿上，这不仅烧坏了他的裤子，更将他的腿烧得火辣辣地痛。贝尔禁不住叫了起来："沃特森，快来，我的硫酸洒了。"隔壁房间内，正握着话筒和听筒的沃特森却在那头激动地叫起来，因为他听见了，他听见了贝尔从话筒里传来的声音。也就是这一天，贝尔成功地发明了电话。同一年，美国专利局批准了他的电话专利。

电话的发明者贝尔曾这样预言道："可以设想，将电话线埋入地下，或悬架在空中，用它连接到私人住宅、乡村、船舶和工厂等。也可以设立中央电话局，通过主干电缆线将各端电话筒连接起来。这样，就可以根据需要，城市任何两个地方都能直接通话。这个方案，即使目前难以实现，但我确信，这将是公众采用电话通信的发展方向。我还认为，在不久的将来，电话线还可接通各国电话公司的总部，甚至全国各地的每个人都能与别的地方的人直接通话。"

* 贝尔名言 *

创新有时需要离开常走的大道，潜入森林，你就肯定会发现前所未见的东西。

第7辑

探险家

探险家是指那些为了探寻新事物等目的而深入危险或不为人知的地方进行探索的人。通俗点讲，就是敢于第一个吃螃蟹的人。在我们生存的这个世界上，有许多神秘的未知领域，对这些未知领域的探险，是古往今来许多探险家的梦想和愿望，它昭示着人类对大自然以及自我的挑战，演绎着生命价值的精彩。今天，让我们循着他们的足迹，踏访他们的探险之旅，只要你听一听这些扣人心弦的探险故事，就能感受到神秘世界的无穷乐趣，并从中获得知识，开阔视野，激励你去探索未知世界，培养开拓创新的精神和坚忍不拔的意志品质。

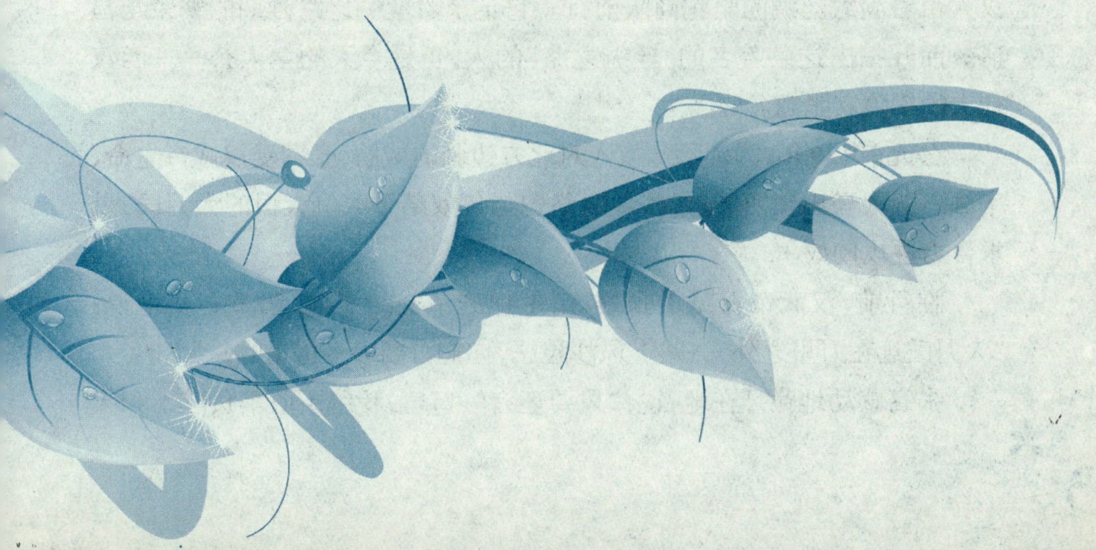

“丝绸之路”开拓者——张骞

* 名人档案 *

姓名：张骞(？～前114)

家乡：汉中成固(今陕西城固)

主要成就：西汉卓越的探险家、旅行家与外交家。他于公元前139年、前119年两次出使西域，加强了中原和西域少数民族的联系，发展了汉朝与中亚各地人民的友好关系，开辟了举世闻名的“丝绸之路”。

* 名人故事 *

出使西域第一人

在古城西安玉祥门外的大庆路上，有一座这样的雕像：一群西域人与汉人带着满载丝绸的骆驼商队前行。它记录着丝绸之路时期的繁荣与昌盛。而开拓出这条著名的“丝绸之路”的人，正是今天的主人公——西汉伟大的探险家张骞。

公元前139年，为消除匈奴人对北方边疆的威胁，张骞受汉武帝之命，率领一队人马出使西域，寻找并联络曾与匈奴结下深仇大恨的大月氏，以求合力进攻匈奴。

临行前，汉武帝召见了张骞，亲手把旌节交给了他，语重心长地说：“大月氏远在万里之外，一路上风沙险恶，你们可要多多保重啊！”

张骞感动地跪拜在地，说：“只要还有一口气，我绝不敢辜负陛下和天下百姓的期望。苍天在上，这是我的誓言。”

从长安出发，一路向西，张骞在悠扬的驼铃声中艰难行进。一路上，张骞一行人风餐露宿，日晒雨淋。西部的天气，变化多端，再加上呼啸着大风，行程十分艰苦。但张骞毫不畏惧。当他们走到河西走廊一带时，不幸被当地的匈奴兵发现。

匈奴单于看到张骞往西而去，害怕汉朝跟大月氏和好对匈奴不利，便将张骞一行人全部俘虏。狡猾的匈奴单于怕惹祸上身，不敢对张骞等人大开杀戒，于是想到一条“妙计”。

一天，单于将张骞叫到毡包里，说：“看你有一股英雄气度，而我又是惜才之人。我决定封你为王，再为你选配一个匈奴的女人为妻子。从此，你就扎根在这里，享受荣华富贵怎么样？这可比你在汉朝做个小官好多了吧？”单于一脸得意，满以为张骞会就范。

可张骞却哈哈大笑了两声，说：“富贵算什么！我们汉朝人，人生一世，‘仁义’安天下。既然我生为汉朝人，死也是汉朝的鬼。我至死也不会在贵国当王的！”

单于听后大怒：“我看你是敬酒不吃吃罚酒。既然你不想当我们的官，那你就给我放羊去吧！”

单于并没有就此罢休。他给张骞“配”了一位妻子，又安排了一些卫兵，让张骞每天在他们的监管下放羊。张骞虽被软禁放牧，度日如年，但他一直在等待着时机，准备逃跑，以完成自己的使命。

这样的日子，张骞过了整整10年。有一天，不知道什么原因，监督张骞放羊的士兵没有来。一直等待机会逃走的张骞，立即和他的贴身随从甘父一起逃出了匈奴人的地盘。但是，不忘使命的张骞知道自己的任务没有完成，虽然思乡心切，但他明白自己现在还不能回朝。于是他决定继续向西行进，前往大月氏国。

可这一路要比从长安来时，还要艰难得多。因为逃走时太仓促，没有准备干粮和饮水，好在甘父射得一手好箭，沿途常射猎一些飞禽走兽，饮血解渴，食肉充饥，才让他们一次又一次从鬼门关逃出。

就这样，他们一路越过沙漠戈壁，翻过冰山雪岭，终于抵达了大宛国。看到这位从遥远的富饶大国艰苦跋涉并且经历了各种苦难而来的使者，大宛王佩服不已。而听说汉朝要帮助他们这些小国家攻打匈奴后,大宛王更是喜出望外。在大宛王的帮助下,张骞又先后到了康居、大月氏、大夏等地。可是,已经迁居到阿姆河上游的大月氏,却不愿意参战了。张骞再三劝说,最终徒劳无功。

张骞决定回国,把在西域的见闻汇报给汉武帝。然而,事情并没有就这么结束,考验还在等待着张骞。就在张骞返回长安的途中,他再次被匈奴抓获,关押了一年多。等他再次逃出虎口,历尽千辛万苦回到长安时,已经整整过了13年。

这次出使西域,张骞虽然未能完成与大月氏结盟夹击匈奴的使命,但却获得了大量有关西域各国的人文地理资料,使生活在中原内地的人们了解到西域的实况,激发了汉武帝"拓边"的雄心,随后发动了一系列抗击匈奴的战争。

在对匈奴的战争取得胜利后,公元前119年,为进一步发展汉朝和西域各族的友好关系,加强和中亚、西亚各国的联系,孤立、打击匈奴在西域的残存势力,张骞再次受命出使西域。这一次,张骞带了300多人,携带价值千万的金币丝绸和数万头牛羊前往目的地——乌孙。

乌孙是一个游牧民族,生活在敦煌和祁连山之间。匈奴的威胁基本解除之后,通往西域的道路畅通无阻,张骞顺利到达了乌孙。当时,乌孙发生了内乱,骁勇善战的腊骄靡王已经老态龙钟。因为长子早死,他就想把王位让给长孙军靡。这引起了次子翁归靡的不满,他率军发动了叛乱,乌孙一分为二。张骞欲劝腊骄靡迁回故地、共同抗击匈奴的事被搁置下来。于是,张骞派部属分别前往大宛、康居、大月氏、大夏、安息等地访问考察。后来,汉武帝派名将霍去病带重兵攻击匈奴,消灭了盘踞河西走廊和漠北的匈奴,建立了河西四郡和两关,开通了丝绸之路。

张骞不畏艰险,两次出使西域,开通了亚洲内陆交通要道,与西欧诸国正式开始了友好往来,促进了东西经济文化的广泛交流,完全可以称之为中国走向世界的第一人。

名人论张骞

张骞始开西域之迹。——(东汉)班固

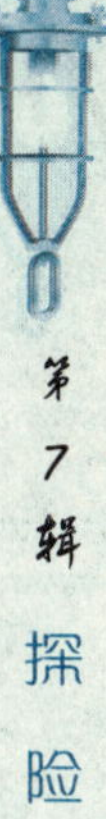

三藏法师——玄奘

* 名人档案 *

姓名：玄奘(602 ~ 664)，通称三藏法师，俗称唐僧

家乡：洛州缑氏(今河南偃师缑氏镇)

主要成就：唐朝著名的三藏法师，中国佛教法相唯识宗的创始人，也是汉传佛教史上最伟大的翻译经书的大师之一。他的一生都致力于研究佛教教义，翻译外来佛经，为中国甚至世界范围内的佛教发展都作出了巨大的贡献。

* 名人故事 *

漫漫求学路

玄奘法师俗名陈祎，出生在洛州一个贫穷的家庭，他的父亲做过隋朝的江陵县令，但是后来由于战乱就回乡隐居了。玄奘是家里最小的一个孩子，从小就非常聪明，当时，佛学逐渐盛行，这引起了玄奘的兴趣，他经常和家里人一起去听高僧说法讲经。

就在玄奘 10 岁的时候，他的父母相继去世了。玄奘成了一个孤儿，他就去投奔在洛阳净土寺出家的二哥。之后，他就和二哥一起生活在寺庙里，每天除了帮庙里做一些杂事以外，他就跟着二哥听其他的僧人讲经。渐渐地，玄奘对佛教越来越感兴趣了，于是就产生了出家为僧的念头。他把自己的心事告诉了二哥，二哥也知道这个弟弟天生颖悟，对于佛法的记忆和理解都比自己强，因此并不阻拦他。不久玄奘就在净土寺落发为僧，学习佛法戒律。

一晃过了多年，玄奘已经访遍了国内各地的名师高僧，对于许多佛教典籍，他都很精通了，但是尽管学问广博了，他心中的疑惑却越来越大，原因是他所拜访的大师们师承不同，对于教义的解释也各不相同，究竟哪一种是正确的呢？玄奘搜遍了国内的佛教典籍，但是仍然找不到答案。于是，玄奘就决心要去佛教的发源地——印度去求取佛法和真经，以解开自己的疑惑。

不畏艰险去取经

我们在电视剧《西游记》中看到唐王派玄奘去西天取经，并与玄奘结义的故事其实只是人们美化了那段故事而已，实际上，玄奘并没有得到皇帝的许可，他是冒着生命危险偷偷出境的。当他走到凉州地区时，凉州刺史听说他要去印度取经，就勒令他立刻返回长安，因为当时有规定，和尚不可以擅自离开边境。玄奘一路辛辛苦苦走到这里，自然不甘心回头，他乔装打扮，试图悄悄离开凉州，可是看守城门的兵丁都已经得到了他的画像，想要混出城并没有那么简单。无奈之下，玄奘回到了自己暂居的地方，不久他听说凉州的佛教领袖慧威法师要公开讲经，他想：这也许会是一个机会。于是他就混在听经的人群中，找到了慧威法师，向他说明了自己的志向和目前面对的困难。慧威法师被他求取真经的决心所打动，答应帮助他离开凉州。

逃离凉州之后，他又辗转进入了瓜州地界，当时，唐朝政府缉拿玄奘的文书已经发到了玉门关，想要出关几乎是不可能的了，更何况关外还有五座重兵把守的烽火台，烽火台外又有茫茫无际的戈壁大沙漠呢！玄奘停下了脚步，细细地考虑自己的路程和要面对的困难，最终，他决定继续向前走。就这样，他孤身一人走入了茫茫的大漠。不知道走了多久，他终于看到了第一座烽火台，有烽火台的地方附近就一定有水源，想到这里，玄奘咧开干裂的嘴唇，开心地笑了。

为了防止被烽火台上的守兵发现自己的踪迹，他忍住口渴，悄悄地找了一个沙丘隐藏了起来，一直到深夜的时候，他才从沙丘后面绕出来，到离烽火台不远的小溪边取水。正当他把水装入水囊，准备离开的时候，一支利箭“嗖”的一声射了过来。他吓了一跳，赶紧低头躲在一边，随后，又一支箭飞了过来，差点射中他。此时，玄奘法师已经知道自己的行踪被发现了，他索性不再躲藏，而是大大方方地走了出来，对守夜的兵丁说：“我就是唐玄奘，带我去见你们的校尉吧！”士兵们不由分说，将他绑起来就推着进了校尉的大帐。

面对校尉的审问，玄奘不卑不亢地说了自己要去印度的缘由。没想到，这个校尉居然也是一个虔诚的佛教徒，听完玄奘的话，他亲自走上前来，为玄奘解开了绑绳，并邀请玄奘去自己家里做客。盛情难却之下，玄奘只好去了。校尉让妻子做了最好的斋菜请玄奘吃，还送给他很多的食物和水，并告诉他说：“这一路走出去，还有很多艰难的路呢，多带些食物和水，我这边还有一条捷径，可以直接绕过第二、三座烽火台，直达第四座烽火台，看守这座烽火台的是我的一个亲戚，过会儿，我给你写一封信，你带给他，他自然会照应你并放你过关的。”玄奘谢过了校尉，按照他指点的捷径一路走过去，果然看到了第四座烽火台，还得到了这座烽火台守军的热情招待。在他的指点下，玄奘又绕过了第五座烽火台，在野马泉取到了水后，独自一人走进了茫茫的戈壁。

戈壁中荒无人烟，连一点儿绿色都没有，到处是黄色的砂粒，一眼望去，无边无际。玄奘走了很久，不但没有找到水源，还不小心把水囊也打翻了，里面的水一滴不剩地洒落在戈壁的滩地上。要想经过戈壁，没有水是不行的，怎么办？摆在玄奘面前的只有两条路，要么退回去，保住性命；要么不顾生命安危，继续西行。想到离开长安时自己发下的誓言，他毅然作出决定，宁可死在向西的路上，也不苟且偷生，向东倒退。

好不容易穿过了戈壁滩，前面又是大沙漠。他强忍干渴在沙漠中走了四五天，终于再也支持不下去，晕倒在了沙漠里。一直到半夜，他才被冻醒了过来。他知道，如果不继续前进，他肯定会死在这里，因此就勉强支撑着。功夫不负有心人，玄奘看到了水草，沿着水草的痕迹走下去，终于走出了沙漠，到达了伊吾。

由于高昌王的盛情邀请，玄奘又辗转去了高昌，在那里讲了几年的佛法。而后，玄奘请求高昌王让自己继续西行。高昌王被玄奘的诚恳打动，送给他很多的金银、衣物，还派了几个小和尚随他一起去印度，并照会沿途国家的国王照顾玄奘。就这样一路辗转，风餐露宿，玄奘终于到达了印度的边境。

*** 名人论玄奘 ***

从中国方面来看，玄奘在中国佛教史上是一个继往开来承先启后的关键性的人物，他是一个虔诚的宗教家，同时又是一个很有能力的政治活动家。——季羡林

舍身求法，千古一人，中国脊梁。——鲁迅

伟大的航海家——郑和

*** 名人档案 ***

姓名：郑和(1371 或 1375 ~ 1433 或 1435)，本名马文和，小字三保

家乡：云南昆阳州

主要成就：明代航海家、外交家。曾在明成祖年间7次下西洋，访问了30多个国家和地区，最远曾到达非洲东岸和红海海口，推动了中国同东南亚、东非之间的友好关系。同时也把中国古代的海洋事业推向高峰。

名人故事

小郑和造船

郑和的祖父和父亲都是伊斯兰教的教徒。在郑和小的时候，祖父和父亲为了去伊斯兰教的圣地麦加朝圣，曾经乘着大船到海外去。每当他们回来的时候，小郑和都会缠着他们讲故事。那些新奇的故事，奇特的海外风俗，都让小郑和惊叹不已。他多么希望自己也能和祖父、父亲一起坐船去远航，感受一下异国的风情啊！可是现在他太小了，大人们不可能带他出去，小郑和就只能做一些纸船或者木船模型来过过瘾。

郑和从家里翻出一些纸来，让父亲教他叠小船，父亲拗不过他，只好陪着他一起玩。郑和学得很细心，不一会儿，他就学会了。以后没事的时候，他就经常叠小纸船玩。叠好以后，他就把纸船放进水里，让它随风飘荡，他的心也跟着小船一起飘向了远方。这时，郑和就暗暗下定了决心，自己长大以后一定要做一个航海家，到祖父和父亲去过的远方看一看。

有一次，郑和又叠了纸船去水边放，可是那天刮起了大风，他的小纸船刚放进河水里，就被风吹翻了。为此，他还难过了很长时间，以后他就不再叠小纸船了。他开始去造船的工厂转悠，工人们锯木块、钉船板……郑和就在一边暗暗地观察。回家之后，他也找来一堆废旧的木料，有模有样地学着建造小木船了。第一只小木船终于做好了，可是郑和左看右看，怎么也不满意。

时间一天天过去了，郑和一门心思想造出一只漂亮结实的木船，就把很多事情都丢在了脑后，甚至都顾不上和小伙伴们去玩了。十多天后，郑和果然造出了一只既结实又精美的小木船。他高兴极了，把小伙伴们都请到了自己的小工厂，让他们看自己造的小木船。小伙伴们一看，觉得非常吃惊。地上还扔着郑和不太满意的小木船，足足有30多个。伙伴们就和郑和商议说："这些船你既然不要了，不如送给我们吧，咱们一起去小河边，把这些船放下水。"郑和点头答应了。

他们一起来到河边，一个个地把船放进水里。看着自己的小船漂得又快又稳，郑和高兴地拍着手叫道："开船了！开船了！"然后他又一本正经地对伙伴们说："咱们这么多船就像是一个船队，我现在是总队长，你们谁愿意当各船的船长啊？"

小伙伴们都争先恐好地举手说："我愿意，我愿意！"

郑和就像一个首领似的分派着任务："你是一号船的船长，你是二号船的船长……现在，我们的船队要出发了！"说完，他和小伙伴们一起欢呼起来。

郑和与银花三娘子

云南爆发战乱后，郑和失去了爹娘，被俘到北京，成了明成祖朱棣身边的一个太监。由于他立下了很多功劳，明成祖就封他为三保太监。后来，为了远扬国威，探寻商路，明成祖就决定派郑和组织船队下西洋，访问亚洲、非洲的其他一些国家。

郑和率领着上万兵将，用大船满载了茶叶、丝绸、瓷器、铁器等物资浩浩荡荡地开向了大海。几十天后，他们的船队就驶进了南洋的苏门答腊岛。本来还晴好的天空忽然变了脸，一时间巨浪滔天，狂风呼啸。郑和毫无惧色，他站在船头上，亲自指挥着船队与风浪搏斗。

正在这时，一个水手忽然喊道："快看，前面有人。"郑和定睛向前面望去，只见大海上有一个人正抱着一块木板起起伏伏，情况非常危急。郑和立刻下令，让船上的水手放下皮筏子下海救人。在水手的努力下，终于将那个人救上了大船。郑和这才发现，这个人竟然是一个年轻貌美的女子。郑和二话不说，就让船上的医生给那女子进行紧急救护，终于救回了女子的性命。女子苏醒过来，换上干净衣服后，随即出来拜谢郑大人的救命之恩。

郑和温和地问她："你是哪里人？一个弱女子，怎么独自一人在海上漂流？"

女子跪下回答说："民女是广东台山人，跟随父亲靠捕鱼为生。去年不幸被海风吹到此处，被这里的海盗所救，在他家里做奴仆，过着生不如死的生活。前几天，海盗将我的父亲打死了，民女不甘受辱，就偷偷地跑了出来，想不到却遇到了暴风雨。”说着女子伏地痛哭了起来。

郑和觉得她很可怜，就决定让她暂时留在船上做一些杂事，给她一口饭吃。那个女子叩谢之后，正要往回走，却听郑和大喝一声：“兵士们，快把这个女子拿下。”

兵将围上来，拿下了这个女子。郑和说道：“你还要说谎吗？如果你是个寻常女子，肯定不会如此步履矫健，气息内敛，我看你是个身怀武功之人，肯定是奸细，还不快快招认。”那女子一听，脸色大变，果然使出武功，挣脱了兵将的束缚，一张口，一个弹丸朝郑和打了过来，郑和一扬手，就把弹丸接在手里，哈哈大笑道：“原来是银花三娘子，你还有什么好说的？”原来郑和到苏门答腊岛附近时，就已经派人打探过这附近海盗的情况了。

银花三娘子又被众将士绑了起来。郑和这才向众人解释说：“这女子是此地海盗陈祖义的小妾，擅长口吐弹丸。所以我看到她的暗器，自然就明白了她的身份。这陈祖义真是太可恶了，居然敢觊觎我天朝的货物……”这时，将士们都纷纷要求将银花三娘子斩首示众。

郑和沉思了一会儿，对银花三娘子说：“我放你回去，如果你能劝陈祖义归降，今天的事情既往不咎，怎么样？”

银花三娘子一听还有活命的希望，赶紧答应了。众人眼睁睁地看着三娘子走了，就埋怨郑和太大意了。郑和只是笑了笑，并没有说话。

到了下午，银花三娘子果然带着人如约而来，她告诉郑和说：“郑大人，我已经说服了陈祖义，明天大人就可以上岸接受陈祖义的归降。如果大人不相信，可以以我为人质。”

郑和哈哈一笑说：“三娘子深明大义，果然劝服了陈祖义，不过我不便上岸，明天你们就一起来我船上见我吧！”说着也不让三娘子做人质，只让她随船回去。回到船舱内，郑和的一名参谋告诉他说：“大人，海盗多是言而无信之人，大人不可轻信啊！”郑和笑了笑说：“你不必担心，我已经做好了防备。”

当天晚上，天刚黑，三娘子再一次驾着小船来到郑和的船上，双膝跪地，向郑和请罪说：“大人，小女子其实并没能劝服陈祖义，他决定今天晚上三更就偷袭大人的船队，还请大人及时防备。”说着她从贴身的衣服里拿出了的陈祖义海盗团伙的地图,交给了郑和。原来这三娘子确实是渔民之后,从小被陈祖义收养,长大后又成了陈祖义的侍妾。她被郑和两次释放的恩义所感动,加上早就不耻陈祖义的为人,因此决定弃暗投明。

郑和听了三娘子的话也很感动,就让她到船舱里面去休息,自己在前面进行部署。

再说陈祖义,他巡逻时看到三娘子失踪了,觉得大事不好,就决定提前偷袭郑和的船队。可是没想到他们的小船刚刚靠近郑和的船队,就见郑和的大船上忽然灯火通明。穿着官服的郑和站在船头,一声令下:“开炮!”一时间万炮齐发,海盗的船只被打得七零八落,海盗被打死、淹死无数。陈祖义一看大势已去,他飞身跳上大船,手执大刀直奔郑和而来。郑和正准备迎敌,却见一颗弹丸直射向陈祖义的大刀。原来是三娘子在后面看到了,害怕郑和有闪失,就拼尽全身的力气吐出了那颗弹丸。陈祖义被生擒活捉,而三娘子也因用力过度口吐鲜血而亡。

后来,陈祖义被押往北京斩首示众,而郑和的船队也因为歼灭了海盗,很快在南洋各国取得了威信,郑和也利用这个机会和各国建立了友好通商的关系。

*** 郑和名言 ***

欲国家富强,不可置海洋于不顾。财富取之于海,危险亦来自海上。

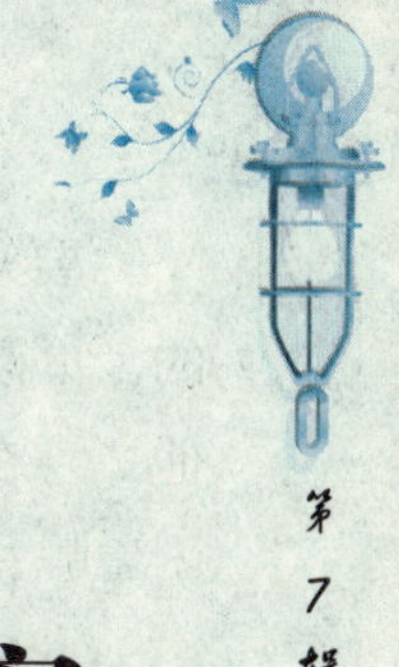

走遍神州的探险家——徐霞客

名人档案

姓名：徐霞客（1587～1641），本名弘祖，字振之，霞客为其别号

家乡：江苏江阴

主要成就：明末探险家、地理学家。他历经30年考察撰成的《徐霞客游记》，开辟了地理学上系统观察自然、描述自然的新方向。它既是系统考察祖国地貌地质的地理名著，又是描绘华夏风景资源的旅游巨篇，还是文字优美的文学佳作，在国内外具有深远的影响。

名人故事

男儿志在四方

徐霞客出生在江苏省江阴县的一个书香世家。

徐霞客家中有很多藏书，因此，他自幼就有博览群书的机会。他虽然非常喜欢看书，但是对四书五经一点儿也提不起兴致，而特别喜欢读地理、历史和游历探险方面的书。他也向往着那种“问奇于名山大川”的生活。

在明代，知识分子要做官，就必须熟读四书五经，学做八股文，然后参加“科举”考试。徐霞客也曾参加过八股考试，但失败了。此后，他便决定不再走考试做官的道路，决心进行自己感兴趣的地理考察事业。

要知道，在那个以“仕”为上的年代，作出这样的决定是需要很大勇气的。徐霞客坚定地这样做了，他的家庭，特别是他的母亲也有力地支持了他：“志在四方，男子事也”，“哪能让儿子像篱笆中的鸡，车辕下的马，被困着呢？”

此后，徐霞客便开始埋头潜心阅读和研究前人的地理学著作。经过一段时间的研究后，他发现有很多前人的著述都是历代的沿袭，并且有很多都是照抄照搬。如果前代的人错了，后代人也跟着错。他在阅读的过程中对前人的著述提出了很多问题，并且他对那些问题提出了大胆的怀疑。例如关于长江的源头问题，在被认为是经典地理著作的《禹贡》中，说是“岷山导江”，后来不少人都沿袭这一说法，徐霞客提出了为什么长江比黄河长，而长江之源那么短、黄河之源却那么长的疑问，认为《禹贡》上的说法是解释不通的。

为了弄清楚祖国河山的真实面目，他便决定亲身进行实地考察。22岁那年，徐霞客开始了游历考察生涯。在此后的30年间，他靠着自己的两条腿走遍了江苏、浙江、山东、河北、陕西、河南、安徽、江西、福建、广东、湖南、湖北、广西、云南和北京、天津、上海等地。

他所考察的地区大部分是陡峭的山峰和湍急的险滩，他冒着随时可能丧生的危险。除了路途的险要外，有时还会遭遇强盗、劫匪。当时，有人劝他不要再冒险了，并要资助他回乡的路费，但他却坚定地说：“我带着一把铁锹来，什么地方不可以埋我的尸骨呀！”

就这样，他历经千辛万苦，克服重重困难，终于对中国的名山大川进行了一次彻底的考察探险，并为后人留下了珍贵的地理考察记录。直到他身患重病，无法走路，才停止了这种探险考察生活。

勇探险穴

徐霞客在地理考察探险过程中，遇到过很多困难，有时候甚至濒临死亡的边缘，但是他从不曾放弃过。

一天，徐霞客经过长途跋涉，来到了上清潭边。他早就听说上清潭水清澈见底，潭边绿树红花，景色宜人，今日一见果真如此。他还听人说上清潭的水势十分奇特，水源在一个狭小的石洞中，那里洞口非常小。据说这个石洞还与山那一面的麻叶洞相通，相传那是神龙居住的地方。

徐霞客站在潭边，看着眼前的景色，突然来了兴致，想亲自去探个究竟，看看洞里到底有没有神龙。于是他带着仆人，又雇了一个胆子大的向导带路，来到了洞口，果然看见有泉水不断地涌出来。他见泉水清澈见底，忍不住捧起一口喝了下去，立刻感到一股清凉传遍全身。

徐霞客想去验证这里是否和听说的一样，便吩咐仆人和向导在洞口守候，自己则脱掉衣服，跳到水里，向洞口慢慢游去。他一只手撑着地面，另外一只手伸出水面举着火把，一点点地挪进了洞里。洞里除了石头之外，就是湍急的流水，没有其他的东西，当他挪到再也不能前进的地方后，便慢慢退了出来。仆人和向导把他拉上岸后，他稍作歇息，就向麻叶洞走去。

离麻叶洞不远的时候，向导突然站住了，他面有难色地说："前方就是，你自己去吧，我在这儿等着。"徐霞客一眼看穿了他的心思——害怕传说中的神龙。于是笑了笑，让仆人和向导在那等着，一个人向麻叶洞走去。

向导看着徐霞客的背影，忍不住问仆人："这位先生是大法师吗？他怎么有那么大的胆量？"仆人笑笑说："先生不是大法师，他是位探险家，什么艰难险阻、神龙鬼怪他都不怕。"

村里的人听说有个人来探麻叶洞，便纷纷爬上山，聚集在洞口观看，他们既好奇又有些担心。

徐霞客来到洞口，发现洞口很小，洞里很黑，不知道有多深。他脱去外衣，小心翼翼地钻进洞里。他两手扶住洞口伸下脚去，接着用手抠着洞壁，一点一点探索着下去，就这样一步一步地倒换着手脚向下，费了好大的劲儿终于到了洞底。

他站稳后，点燃火把，继续向洞的更深处走去。他走走停停，艰难地度过了那段崎岖狭窄的地段，来到了一个宽阔平坦的地方。那里水势舒缓，还有水流撞击石洞的叮咚声响，洞壁晶莹剔透，简直美极了。突然他发现有一缕光线从洞顶的弯月形缝隙中透进来，脚下一股水流从一块巨石下流过，曲曲折折向外伸展而去。他凭借着丰富的经验断定这就是洞外那股钻出悬崖的水流。

徐霞客弄清楚了这个问题之后,才原路返回。

徐霞客的一生就是这样坚持不懈地攀山涉水,亲自考察,对祖国的地理学研究作出了巨大的贡献。

* 徐霞客名言 *

五岳归来不看山,黄山归来不看岳。

大丈夫当朝碧海而暮苍梧。

中世纪的伟大旅行家
——马可·波罗

* 名人档案 *

姓名:马可·波罗(约 1254 ~ 1324)

家乡:意大利威尼斯

主要成就:中世纪意大利著名的旅行家、商人、探险家。他的著作《马可·波罗游记》对东方世界进行了详尽甚至神话般的描述,是第一部欧洲人撰写的详尽描绘中国历史、文化和艺术的游记。它的问世促进了中西方的直接交往,开拓了中西方之间政治、经济、文化交流的新时代。

*** 名人故事 ***

到中国去的梦想

马可·波罗出生在美丽的意大利水城威尼斯，他的父亲尼古拉·波罗和叔叔马窦·波罗都是威尼斯的商人。他们经常辗转于地中海东部进行商业活动。

马可·波罗从小就熏陶在浓厚的商人和旅行家的气息之中。他从小就对那些未去过的地方感到十分好奇，因此，每次爸爸和叔叔回来，便常常缠着他们，让他们讲述一路上的见闻。当马可·波罗的父亲讲到他们寻求东方世界的神秘旅程时，他被深深地吸引了。他非常羡慕父亲和叔叔，也向往着能够去东方旅行。

1271 年，父亲和叔叔第二次前往中国的时候，马可·波罗终于实现了他的梦想，跟随着父亲和叔叔踏上了寻访东方世界的旅程。

但是这个旅程并没有想象中的那么有趣和好玩，更多的是艰难险阻。他们三个人从地中海东岸阿迦城登陆，沿着“丝绸之路”一直东行。他们原本是想到达霍尔木兹后，乘船经海路到达中国。可是他们发现当时的船只并不坚固，为了安全起见，不得不放弃这个计划而返回科尔曼，从陆路去中国。

一路上有平原有沙漠，有河流有高山。他们跋山涉水，经历了各种艰难险阻，经过 3 年的艰辛跋涉，他们终于到达了目的地。忽必烈看见兄弟二人回来十分高兴，在宫中设宴款待了他们。尼古拉把儿子引荐给忽必烈，忽必烈特别喜欢这个英俊的西方青年。

马可·波罗到达中国后，他被这里的一切吸引了，决定要对这个国度进行更加深入的了解。于是他开始学习中国的语言、书法，并且了解中国的风俗习惯。他非常聪明，并且勤奋好学，因此很快便成了一个中国通，并得到了忽必烈的重用。

监狱里诞生的游记

马可·波罗和父亲在中国整整住了17年，日子一久，他们不免想念家乡，于是三番五次向忽必烈请求回国。但是忽必烈很喜欢马可·波罗，舍不得让他们走。恰好那时候，伊儿汗国国王的一个妃子死了，派使者到大都来求亲。忽必烈选了一个皇族少女，赐给伊尔汗国国王做王妃。伊儿汗国使者认为走陆路太不方便，知道尼古拉他们熟悉海路，就请忽必烈派尼古拉他们一起护送王妃回国。忽必烈只好答应。

就这样，尼古拉兄弟和马可·波罗就与伊儿汗国使者一起，离开中国乘海船经过印度洋，到达了伊尔汗国，经过3年的航行，才回到威尼斯。

这时候，他们离开威尼斯已经20年了。当地人长久没听到他们的消息，都以为他们死在国外了。现在看到他们穿着东方的服装回来，又听说他们到过中国，带回许多珍珠宝石，立刻轰动了。人们给马可·波罗起个外号，叫做“百万家产的马可”。

没过多久，威尼斯和另一个城邦热那亚发生冲突，双方的舰队在地中海里打起仗来。马可·波罗自已花钱买了一条战船，亲自驾驶，参加威尼斯的舰队。结果，威尼斯打了败仗，马可·波罗被俘，关在热那亚的监牢里。热那亚人听说他是个著名的旅行家，纷纷到牢监里来访问，请他讲东方和中国的情况。跟马可·波罗一起关在监牢里有一个名叫鲁思梯谦的作家，他把马可·波罗讲述的事都记录了下来，编成一本书，这就是著名的《马可·波罗游记》。在那本游记里，马可·波罗把中国的著名城市，像元大都、扬州、苏州、杭州等，都作了详细的介绍，称颂中国的富庶和文明，激起了欧洲人对中国文明的无限向往。

*** 名人论马可·波罗 ***

《马可·波罗游记》不是一部单纯的游记，而是启蒙式作品，对于闭塞的欧洲人来说，无异是振聋发聩，为欧洲人展示了全新的知识领域和视野，这本书的意义在于它导致了欧洲人文科学的广泛复兴。

——莫里斯·科利思

发现美洲第一人——哥伦布

* 名人档案 *

姓名：哥伦布（1451 ~ 1506）

家乡：意大利热那亚

主要成就：伟大的航海家、美洲大陆的发现者。1492 年 8 月开始第一次远航，10 月抵达巴哈马群岛，继而航行到古巴、海地等地。1493、1498、1502 年分别进行了三次西航，到达牙买加、波多黎各诸岛及中南美洲的加勒比海沿岸。因误认为所到达的地方是印度，故称当地居民为“印第安人”。

* 名人故事 *

发现新大陆

15 世纪中期，哥伦布出生在意大利的热那亚，他自幼就热爱航海冒险。少年时期，他偶然读到了《马可·波罗游记》，书上讲述了很多有趣的冒险故事，激起了少年哥伦布的兴趣。看过那本书后，他更加向往到海上航行，去异地冒险。

那时候，他就大胆地设想，如果地球是圆的，那么一直向西航行，也许可以到达东方国家。他的这种想法，在当时看来，简直是不可理喻，因为千百年来，人们接受的教育都是天圆地方，觉得他的想法实在是幼稚得可笑。

可是，哥伦布确信自己是对的，决定要亲自试一试。可是他当时的想法没有得到意大利政府的支持。后来,哥伦布移居到了西班牙。他知道以他自己的力量无论如何也不能完成绕地球一圈的航行,于是他向西班牙国王建议,探索通往东方的海上航路。经过多次游说,西班牙国王终于愿意向他提供帮助,完成这个梦想。

一天清晨,他带领着几十名水手,告别了西班牙国王,驾驶着3艘帆船,向大西洋进发了。当时,大多数人都认为地球是个扁平的大盘子,谁也不知道在茫茫无际的大西洋上,一直向西航行,会发生什么。

海上的生活并不像他从书里看到的那么浪漫有趣,相反十分单调乏味。放眼望去,一片蔚蓝,海连着天,天连着海,看不到尽头。此时此刻,人显得那么单薄,那么渺小。

他们一直向西航行,开始几天,都还兴致勃勃地欣赏浩瀚的大海。可是一周又一周,一个月过去了,他们仍旧漂泊在一望无际的大海上,看不见一点儿岸的影子。

这时,已经有几个水手沉不住气了,他们私下里偷偷议论着到达陆地的航程。为了减少船员们离开陆地太远而产生的恐惧,哥伦布偷偷调整了计程工具。每天都少报一些航行里数。尽管如此,他们航行了两个月后,仍然没有看见陆地的影子。在当时两个月被欧洲人视为人类航海的时间极限。他们一个个蓬头垢面,精神也快到了崩溃的极限。一些船员开始公开抱怨,并咒骂说这是一次愚蠢的航行。

又过了一段时间,船员们实在受不了了,声称如果继续向西航行,他们就会策反叛乱。经过一番激烈的争论,哥伦布对他们说,再过三天,如果三天后仍然看不见陆地,就返回西班牙。

他们又在海上航行了三天,仍然没有看见陆地,就在他们打算返航的那个晚上,突然看见海上漂浮着一根树枝。这些有着丰富的航海经验的船员知道,这根树枝说明附近就有陆地。于是,一位水手爬上桅杆,果然,他看到远处有星星点点的火光。于是他们继续向西航行,第二天拂晓,他们终于登上了美洲大陆。

这一天是1492年10月12日,他们在海上漂泊了两个多月后,终于发现了新大陆。

谁能让鸡蛋立起来

哥伦布把他们发现的那个岛命名为“圣萨尔瓦多”，意思是“救世主”。当他们踏上这片土地时，以为到达了“印度群岛”，别提有多高兴了。

他们带着新奇的目光在美洲游历了一番，可是结果却让他们失望透了，这里根本不像马可·波罗所描述的那样富饶，也没有那么多新奇的事物。失望之余，他们决定返回西班牙。

回到西班牙后，哥伦布立刻成为英雄。西班牙国王和王后隆重地接待了他，并且还有许多科学家、航海家、探险家，以及一些附庸风雅的绅士一次次地为他举行欢迎宴会。哥伦布从此成为一位众星捧月的焦点人物。

当然他的这些光彩和荣耀也引来了一部分人的嫉妒。有一次在宴会上，正当大家觥筹交错的时候，忽然有人高声说：“我看这件事不值得这样庆祝吧，大陆在地球上本来就存在的，并非是哥伦布创造的。他只不过是坐上船一直西行，恰巧碰上了这块大陆而已。其实只要坐船一直向西航行，谁都会有这项发现。”

刚刚还热闹非凡的宴会，顿时间鸦雀无声，大家面面相觑。这时，哥伦布笑着站起来说：“这位先生似乎说得很对，其实不然，我们不妨试一试。”他顺手拿起桌上的一个熟鸡蛋，继续说道，“在座的各位，谁能使这个熟鸡蛋小头朝下立起来？”

很多人试过后都不能使鸡蛋立起来，刚才说话的那位得意扬扬地说：“谁能将鸡蛋立起来？恐怕哥伦布你自己也不能让它立起来吧？既然你提出了这个问题，那么就请你将这个煮熟的鸡蛋小头朝下立起来吧！”

一时间，宴会上所有人的目光全部集中在哥伦布身上，只见他微笑着，将鸡蛋小头朝下，“啪”的一声敲在了桌子上，当他松开手后，鸡蛋就稳稳地立在桌子上了。

那个人不服气地高声叫道：“这不算，你把鸡蛋壳敲破了，当然可以立起来了。”

哥伦布不慌不忙地说道：“对！你和我的差别就在这里，我敢敲，你不敢敲。你我之间只是敢与不敢的区别。但是世界上的一切发明和发现，在一些人看来是再简单不过的，但是那总是在发明者提出应该怎么做之后。”说完，全场顿时响起一片掌声。那个嫉妒他的人羞愧地低下了头。

*** 哥伦布名言 ***

天才，就是别人认为毫无价值的不毛之地，你却能挖掘出黄金和甘泉来。

世界是属于勇者的。

发现只孕育在勇往直前的坚持之中，我想，它与懦夫大概永远无缘。

只要我们能把希望的大陆牢牢地装在心中，风浪就一定会被我们战胜。

环球航行第一人——麦哲伦

*** 名人档案 ***

姓名：麦哲伦（约 1480 ~ 1521）

家乡：葡萄牙波尔图

主要成就：著名的航海家和探险家。他从西班牙出发，绕过南美洲，发现麦哲伦海峡，然后横渡太平洋。虽在菲律宾被杀，但他的船队依然继续西航回到西班牙，完成史上第一次环球航行。由此，他被认为是世界上第一个环球航行的人。这次环球航行，用实践证明了地球是一个球体，不管是从西往东，还是从东往西，都可以环绕一周回到原地。这在人类历史上，是永远不可磨灭的伟大功勋。

*** 名人故事 ***

环球探险计划

麦哲伦出生在葡萄牙北部波尔图的一个破落的骑士家庭。他的祖先曾经是葡萄牙的贵族，到他父亲这代已经破落了。15 世纪末期，葡萄牙正利用海上贸易和殖民活动拼命向海外扩张，这使原本弱小的国家在短短几年内变成了一个世界经济强国。期间很多葡萄牙人纷纷去东方探险与淘金。在这样的环境影响下，麦哲伦很小的时候就立志将来要参加航海与探险，并且要去东方获得财富与名望。

1505 年的春天，25 岁的麦哲伦随着一支葡萄牙武装舰队，带着获取财富和名望的目的，去东方远征。没有料到的是，经过几年的浴血奋战，他们不但没有获得任何财富和名望，反而在身上留下了几处伤疤。

备受挫折的麦哲伦回到葡萄牙后，多次受到冷遇。于是他愤然离开了首都里斯本。虽然麦哲伦离开了首都，但是他并没有放弃从事探险活动的计划，他仍然在积极地寻找机会。为此，他常常和那些远航归来的船长和水手交谈，整日地研究航海图和航海日志等资料。他从这些资料里得知，在东方有一个富饶的香料群岛，在那里很容易发财。他还听一位探险家说在南美洲的西岸发现了一个称为“大南海”的大海。麦哲伦仔细一琢磨，觉得只要设法找到一条连接大西洋与大南海的海峡，就可以绕过美洲大陆，到达东方的香料群岛了。他兴冲冲地对朋友们说：“这次探险，我去定了！”

他抱着极大的希望去见葡萄牙的国王，希望国王组建一支探险部队，由他率领去开辟一条到达东方的新航路。可是葡萄牙国王并不愿意花很多钱去寻找新航路。况且当时还流传着通向世界的边缘就是通向深不可测的无底洞的传说。葡萄牙国王不愿意冒这种风险，所以他断然拒绝了麦哲伦的请求。

麦哲伦在得到这样的答复后，虽然很失落，但是他并没有放弃。他去了另外一个海上强国——西班牙。来到西班牙后，他向国王诉说了自己的想法。当时葡萄牙和西班牙争夺海外殖民地的斗争十分激烈。西班牙国王听说这次航行可能会带回大量的财富，并且他想将香料群岛这块肥肉抢到手，便同意了麦哲伦的请求。

由于不知道要在海上航行多久，所以麦哲伦在船上储备了足够两年吃的食物和淡水。他还带上了大量的西方廉价的工艺品，以便到东方之国换取香料和黄金。

当这一切都准备就绪后，麦哲伦率领着由 200 多名船员组成的探险部队，登上 5 艘大船，开始了人类历史上第一次环球航行。

麦哲伦之死

麦哲伦带领着船员们在大海上航行了很多天，船上带的粮食和水都用完了，每个人都又累又渴。

这天，他们来到了一个小岛上，想在那里补充一些淡水，并且让这些疲惫的船员们休息一下。小岛上的人听说有一群外地人来到了岛上，便前来观看。他们发现麦哲伦船队里带了很多稀奇的小东西，于是就用椰子和棕榈酒来换。

几天以后，麦哲伦船队的船员们休整得差不多了，便告别了那里的居民，出海向南继续航行。他们航行了一段时间后，发现了另一个小岛，就在那座小岛岸边停了下来。他们停船的时候发现了一只当地土著人的小船，麦哲伦的一个奴仆恩里克便用马来西亚语向小船上的水手们喊话，没想到他们竟然听懂了恩里克的意思。

两个小时后，又有两只大船驶过来，船上坐满了人，当地的头领也来了。恩里克与他们用马来语交谈着。这时，麦哲伦才恍然大悟——他们已经来到了说马来语的地方了，离“香料群岛”已经不远了，也就是说，他们就要完成人类历史上的首次环球航行了。

岛上的头领来到麦哲伦的船上，把船队带进到了菲律宾中部的宿雾大港口。麦哲伦对头领说：“我们愿意与你们结成友好关系，只要你们愿意承认自己是西班牙国王的属臣，我们就会向你们提供军事援助。”

当时，这个岛上的首领之间正在发生内讧，他们需要这些帮助。于是头领便答应麦哲伦，说愿意成为西班牙的属臣。之后，麦哲伦为了使这位首领信服西班牙人，还在附近进行了一次军事演习。很快，麦哲伦便成了这些人的靠山。

几天后，这个岛上的首领和附近小岛首领之间发生了内讧，麦哲伦插手了这次内讧。他带着60多个人乘3只小船前往小岛，由于水中有很多礁石，船只不能靠岸，于是麦哲伦他们便涉水登陆。不料对方早有准备，对麦哲伦他们发起了猛烈的进攻。麦哲伦命令火炮手和弓箭手向他们开火，可是攻不进去。后来敌人猛烈反扑过来。麦哲伦为了扰乱民心，便下令烧毁他们的房子。岛民们一看自己的房子被烧了，疯狂地向麦哲伦的队伍射箭和掷石块、标枪。麦哲伦看形势不妙，赶紧命令撤退。就在撤退时，他不幸被敌人的标枪射中，落在了队伍的后面，被那些追上来的敌人用大斧砍死了。

麦哲伦的部下们逃离了这个小岛，继续向西航行，回到欧洲。这是人类历史上第一次环球航行，麦哲伦虽然没有走完全程，但仍然被认为是第一个环球航行的人。

* 麦哲伦名言 *

生活的真谛在于热情。

陆止于此，海始于斯。